VERBORGENE WELTEN

Bildnachweis

shutterstock.com: Cover Callipso88; S. 5 o., S. 17 u. AlinArt; S. 8 o. belizar; S. 8 u., S. 10 u. Gudkov Andrey; S. 9 u. Bardocz Peter; S. 12 o. worldclassphoto; S. 17 l. o., S. 25 r., S. 35 M., S. 70 o. mariait; S. 17 M. o., S. 37 M. r. Abramova Kseniya; S. 17 o. r. Amam ka; S. 17 l. M. Moonlightphoto; S. 17 M. u. taviphoto; S. 17 r. u. sunny-frog; S. 17 l. u. stockphoto mania; S. 19 u. l. Huang Zheng; S. 19 u. r., S. 36 o. l., S. 39 o. r., S. 85 o. cynoclub; S. 20 o. L F File; S. 20 u. insima; S. 21 o. Digital Storm; S. 21 M. Paganin; S. 24 o. Tom Tietz; S. 26 u., S. 37 M. l. Julia Remezova; S. 30 u. Daniel Eskridge; S. 34 r. Ernie Janes; S. 34 l. Eric Isselee; S. 35 o. D Farhad; S. 35 u. ducu59us; S. 36 o. r. Callipso88; S. 36 M. r. pfluegler-photo; S. 36 M. l. Kwadrat; S. 36 u. l., S. 37 u. l., S. 96 u. Olga_i; S. 36 u. r., S. 74 o. horsemen; S. 37 o. l. Alina-Yarosh; S. 37 o. r. Karlie Butler; S. 37 u. r. Philippe Clement; S. 38 o. anakondasp; S. 39 o. Evgenii Panov; S. 39 (Kraftfutter) omnitsky; S. 39 (Äpfel) GSDesign; S. 39 (Karotten) Nattika; S. 39 (Kreuz) Milano M; S. 39 (Zucker) Leonid S. Shtandel; S. 44 M. Benevolente82; S. 44 u. AnnGaysorn; S. 45 o. Marker Elena; S. 48 o., S. 62 Rolf Dannenberg; S. 49 o., S. 63 o., S. 75 Willierossin; S. 48–49 u. marinat197; S. 50 o. Sergey Goryachev; S. 51 o. l. agolndr; S. 51 o. r. opel; S. 51 M. Boris Medvedev; S. 56 u. l. DasyaDasya; S. 57 o. l. DarkScipio; S. 58 o. Pavlo Burdyak; S. 58 u. l. Mikhail Pogosov; S. 58 u. M. Barna Tanko; S. 58 u. r. acceptphoto; S. 59 o. nigel baker photography; S. 63 M. klauscook; S. 66–67 u., S. 68 M. l., S. 70 u. l. Kitnha; S. 71 M. Largo Nadin; S. 71 u. Manamana; S. 74 u. r. Sabine Hagedorn; S. 74 u. l. Mirage_studio; S. 76 l. wavebreakmedia; S. 77 o. Luketaibai; S. 77 u. thomas koch; S. 84 M. Ralf Liebhold; S. 86 o. Marie Charouzova; S. 87 AnnaElizabeth photography; S. 88 o. r. Anastasija Popova; S. 88 M. l. PROmax3D; S. 89 marich; S. 90 M. Ceri Breeze; S. 90 u. Alex Vog; S. 92 l. Mega Pixel; S. 92 r. Bwphoto-Herman and Andie; S. 93 o. Joaquin Corbalan P; S. 93 M. Michsa; S. 93 u. Inesmeierfotografie; S. 94 Rita_Kochmarjova; S. 95 One Pixel Studio; S. 96 o. LightField Studios

Wikipedia: S. 18 o. Sorrel filly 13 (GNU Free Documentation License, Version 1.2); S. 18 u. M. CustosEcc (CC0 1.0); S. 26 o. Henry François Farny (gemeinfrei); S. 43 o. Pierre de Coubertin (gemeinfrei); S. 43 M. Zscout370 (gemeinfrei); S. 49 M. AirWater (CC BY-SA 3.0); S. 52 Rudolf Koller (gemeinfrei); S. 53 Roland zh (CC BY-SA 3.0); S. 57 o. r. Rama (CC BY-SA 2.0); S. 57 u. r. Helmut Simon (CC BY-NC-SA); S. 59 u. Thyl Engelhardt (CC BY-SA 3.0); S. 67 o. Eric Pouhier (CC BY-SA 2.5); S. 67 M. Hu Gui (PD-US); S. 69 o. US National Archives; S. 69 r. University of California Libraries;

Andere Quellen: S. 76 o. www.equicrown.de; „Mauke" – Ursachen, Symptome und Behandlung; Link zum Magazinbeitrag finden Sie hier: https://www.equicrown.de/magazin/mauke-ursachen-symptome-und-behandlung

Der Verlag hat sich bemüht, die Rechte sämtlicher verwendeter **Abbildungen** sowie auch **Textzitate** mit den jeweiligen Rechteinhabern zu klären. Sollten Rechteinhaber berechtigte und nachweisbare Ansprüche anmelden wollen, bittet der Verlag sie um Kontaktaufnahme.

Die in diesem Buch präsentierten **Informationen und Sachtipps** wurden von der Autorin sowie dem Verlag sorgfältig recherchiert und geprüft. Die beteiligten Institutionen und Personen übernehmen dennoch keinerlei Verantwortung für eventuelle Folgen der Verwendung dieser Informationen und Sachtipps. Für Hinweise auf eventuelle Unrichtigkeiten ist der Verlag dankbar.

Konzept und Text: Babette Pribbenow, Berlin
Illustrationen: Giuseppe Cantarella, Rom
Layout-Konzeption und Typographie: Raffaele Anello, Berlin
Projektkoordination und -abwicklung: Editors Genie | Udo Rehmann, Feldafing
Druckvorstufe: Editors Genie | Udo Rehmann, Feldafing
Druck und Bindung: Beijing Allied Fortune International Trade Co., Ltd - Beijing, China
Printed in: China

FSC
www.fsc.org
MIX
Papier aus verantwortungsvollen Quellen
FSC® C147414

ISBN: 978-3-96808-018-5

Nachdruck	Druckjahr
5 4 3 2 1	2027 2026 2025 2024 2023

BABETTE PRIBBENOW

Verborgene Welt der PFERDE

Illustrationen
Giuseppe Cantarella

SOPHIE Verlag

INHALT

Urlaub in der Camargue ... 7
Robuste Pferde ... 8
Fluchttier ... 10
Herdentier ... 11
Camargue-Stiere ... 12

Camargue-Pferde-Gestüt ... 14
Auf dem Gestüt ... 16
Pferdezucht ... 18
Pferde des Meeres ... 20
Einhörner ... 21
Pegasus ... 21

Mustangs in Nordamerika ... 23
Halbwilde Lebensweise ... 24
Wildpferde ... 24
Pferde der Spanier ... 25
Appaloosa ... 26
Mustangs heute ... 27

Der Hengst Black Jack ... 28
Leben eines Hengstes ... 30

Im Reitstall ... 32
Die Pferdewelt ... 34
Einige Pferderassen ... 36
Stall und Futter ... 38

Reiten ist mehr als Sport ... 40
Paul ... 42
Para-Reitport ... 43
Pferde tun gut! ... 44
Pferde helfen beim Heilen ... 45

Auf der Trabrennbahn 47
Trabrennen fahren 48
Sulky und Kutsche 50
Wir fahren mit der Post! 52
Die Gotthardpost 53

Der Hufschmied ist da! 55
Pferde brauchen gesunde Hufe 56
Jetzt aber schnell! 58

Die erste Reitstunde 61
Reiten will gelernt sein! 62

Pferde verändern die Welt 65
Asien 66
Amerika 68
Arabische Halbinsel 70

Klara und Spirit 72
Der erste Galopp 74
Der Tierarzt kommt 76
Das Glück dieser Erde … 78

Die Sprache der Pferde 80
Kopf und Ohren 82
Sparky will nicht 84
Sparky ist kitzlig! 86
Der erste Ausritt 88
Keinen Schritt weiter! 90
Mutiger Spirit! 92
Es ist soweit! 94
Was man braucht 96

URLAUB IN DER CAMARGUE

Klara stockt der Atem, vor ihr liegt eine atemberaubende Landschaft im Sonnenuntergang. Eine kleine Pferdeherde steht ganz in ihrer Nähe und grast friedlich. Am Horizont sind noch weitere Tiere zu sehen.

„Darf ich vorstellen, unsere weltberühmten Pferde“, sagt der Wanderführer voller Stolz.

Klara macht mit ihren Eltern Urlaub in der Camargue, einer Landschaft in Südfrankreich. In zwei Tagen wird die Familie wieder nach Brandenburg fahren, aber heute machen sie noch eine geführte Wanderung mitten durch den Naturpark.

ROBUSTE PFERDE

Klara schaut sich die Pferde genauer an. Sie sehen klein, ziemlich schmutzig und auch irgendwie struppig aus. „Besonders groß sind sie ja nicht“, merkt Klara zaghaft an. „Nein, aber ihre wahre Größe liegt woanders. Es sind besondere Tiere, die mit den harten Lebensbedingungen in der Camargue gut klarkommen. Bestimmt ist dir schon aufgefallen, dass das Klima hier sehr rau ist. Ständig weht ein Wind, der Mistral. Im Sommer ist es heiß und es gibt jede Menge lästiger Insekten. Der Winter dagegen ist feucht und kalt. Diese Pferde sind unglaublich genügsam, zäh und robust.“

CAMARGUE-PFERD

GRÖSSE: 135 – 150 cm
FELLFARBE: Nur weiß, wie bei allen Schimmeln, werden die Fohlen braun oder schwarz geboren und dann heller.
BESONDERHEITEN: Sehr robust, ausdauernd und kräftig.
Leben halbwild im Naturpark Camargue.

Camargue-Pferde sind im Gegensatz zu vielen anderen Pferden nicht wasserscheu. Sie laufen gerne durchs Wasser und gelten als Pferde des Meeres!

„Leben denn die Tiere immer hier draußen?“, fragt Klara verwundert.
Ja“, antwortet der Wanderführer. „Sie werden fast das ganze Jahr über sich selbst überlassen, das nennt man halbwild. Aber sie haben alle Besitzer und die Herden werden auch regelmäßig eingefangen, damit sie beispielsweise geimpft werden können. Es ist eine sehr alte Pferderasse, angeblich hat schon Julius Caesar von ihnen geschwärmt. Ihre Herkunft ist allerdings unbekannt.“
Klara sieht, dass die Pferde ihre Köpfe fast bis zu den Augen unter Wasser haben.
„Können die Pferde unter Wasser fressen?“, fragt sie erstaunt.
Der Wanderführer lacht. „Camargue-Pferde können das. Sie verschließen dazu ihre Nasenlöcher, die Nüstern, damit kein Wasser eindringt. Sogar das harte Schilf fressen sie.“
Klara nickt beeindruckt, nun sieht sie die kleinen Pferde schon mit anderen Augen!

CAMARGUE-PFERDE KÖNNEN AUCH UNTER WASSER FRESSEN.

CAMARGUE

Die Camargue ist eine Region in der Provence im Süden Frankreichs. Sie ist von Seen und Wasserläufen durchzogen und eher karg. In der Camargue wird Obst, Gemüse und Reis angebaut, außerdem wird sie zur Viehzucht genutzt. Viele Tonnen Salz werden in sogenannten Salinen gewonnen. Zu einer bestimmten Jahreszeit sogar pinkes Salz, dessen Farbe durch Algen verursacht wird.
Fast das ganze Gebiet ist ein regionaler Naturpark und es gibt auch ein Naturschutzgebiet: „Réserve Naturelle Nationale de Camargue“. Dort kommen 400 Arten an Wasservögeln vor, beispielsweise rosa Flamingos.

FLUCHTTIER

Klaras Wandergruppe geht weiter und sie kommen den Pferden immer näher. Es sind alles weiße Tiere mit schwarzen und braunen Fohlen. Ein Pferd hebt alarmiert den Kopf und schnaubt laut durch geweitete Nüstern.
„Das ist wahrscheinlich die Leitstute", der Wanderführer zeigt auf die aufmerksame Stute. „Wir kommen zu nahe an ihre Herde heran, sie hat hier das Sagen und passt auf. Sie sucht auch die Futterplätze aus."
Plötzlich fliegt kreischend ein Vogel hoch und schon galoppiert die gesamte Herde los, Wasser und Schlamm spritzen an ihren Beinen hoch. Klara schreckt zurück und der Wanderführer grinst.
„Ein Pferd hat sich zur Flucht entschlossen und schon rennen alle mit. Pferde sind sogenannte Fluchttiere, bei einer vermeintlichen Gefahr stürmen sie davon."
„Warum eigentlich, sie sind doch viel stärker als wir und außerdem sind es doch ganz viele?", möchte Klara wissen.

Stute, Hengst, Wallach, Fohlen

Als Stuten werden weibliche Pferde bezeichnet. Als Fohlen gelten die jungen Pferde, die in ihrem ersten Lebensjahr sind. Männliche Pferde nennt man Hengst, sofern sie zeugungsfähig sind. Wallache sind kastrierte Hengste, die nicht mehr zeugungsfähig sind.

Pferde bewegen sich gerne und können kurzfristig hohe Geschwindigkeiten erreichen.

STUTEN MIT IHREN FOHLEN

HERDENTIER

Pferde haben einen angeborenen Fluchtinstinkt, deshalb sind sie häufig auch nervös und schreckhaft. Sie gehören zu den Beutetieren und kämpfen nur im Notfall. Aber du hast schon recht, die Herde gibt ihnen Schutz und Sicherheit. In einer Pferdeherde hat jedes Tier seine Stellung, es gibt eine Rangordnung. Das ist allerdings keine starre Abfolge. Die Leitstute beispielsweise ist meistens ein sehr erfahrenes Tier und trägt gewissermaßen für die Herde Verantwortung. Wird sie hingegen zu alt oder krank, wird ihre Position von einer anderen Stute eingenommen. Es geht vor allem darum, dass es ein möglichst reibungsloses Familienleben zum Vorteil aller gibt. Pferde brauchen einander, sie spielen zusammen, kraulen sich das Fell oder verjagen sich gegenseitig mit dem Schweif lästige Fliegen. Gibt es einen Hengst in der Herde, ist es seine Aufgabe, die Stuten zu beschützen."

RANGKÄMPFE GIBT ES AUCH UNTER STUTEN →

Bis hierher und nicht weiter! Ein Pferd verweist ein anderes in seine Schranken.

Rangordnung

Ein ranghohes Tier muss nicht ständig kämpfen, um seinen Rang zu behalten. Meist reicht ein zurechtweisender Blick, um Artgenossen in die Schranken zu weisen. Kommt hingegen ein neues Pferd in eine bestehende Herde, bringt das jede Menge Unruhe mit sich. Nun muss die Rangordnung wieder neu ‚verhandelt' werden. Dabei kann es durchaus auch zu handfesten Auseinandersetzungen kommen.

CAMARGUE-STIERE

In der Camargue leben auch sehr viele Flamingos.

Klara scheucht gerade ein paar allgegenwärtige Mücken fort, als sie plötzlich laute Geräusche von der Seite vernimmt. Vor Schreck vergisst sie sogar die lästigen Plagegeister: Eine Gruppe schwarzer Tiere kommt scheinbar direkt auf sie zugerannt! Klara entschlüpft ein kleiner Schrei. Der Wanderführer legt beruhigend eine Hand auf ihre Schulter. „Keine Sorge, das ist nur eine Gruppe Stiere, die von den Guardians wahrscheinlich in ein anderes Weidegebiet gebracht werden."
Und nun entdeckt Klara auch die Reiter, die mit langen Lanzen die Stiere vorwärtstreiben. Geschickt sorgen sie dafür, dass die Tiergruppe eng zusammenbleibt, und dirigieren sie so durch Wasser und Schilf. „Sind Guardians so etwas wie Cowboys?", fragt sie bewundernd.

Die Reiter lenken trotz der hohen Geschwindigkeit ihre Pferde scheinbar mühelos nur mit einer Hand. Der Wanderführer nickt. „Die Guardians hüten hier bei uns die Stier- und Pferdeherden. Ohne sie wäre die halbwilde Haltung der Tiere gar nicht möglich. Sie reiten auf den Camargue-Pferden, die sich hervorragend zum Viehtrieb eignen. Sie haben nämlich den sogenannten Cow-Sense."
„Was sind das für Stiere?", mischt sich nun Klaras Vater ein.
„Das sind unsere Camargue-Stiere", antwortet der Wanderführer stolz. „Es ist eine kleine Rasse, die wir hauptsächlich für den Stierkampf züchten."

DIE COWBOYS DER CAMARGUE

GUARDIAN

Ein sehr alter, traditioneller und harter Beruf. Früher ausschließlich von Männern ausgeübt, inzwischen auch von Frauen. Sie verbringen viele Stunden auf dem Rücken der Camargue-Pferde und hüten die Rinder- und Pferdeherden.

„Was?“, entfährt es Klara entrüstet, sie findet Stierkämpfe einfach nur grausig.
Der Wanderführer kann sie sofort beschwichtigen. „Bei unseren Stierkämpfen kommen die Tiere nicht zu schaden und werden regelrecht verehrt. Die Razeteure, die Stierkämpfer, müssen den Stieren dabei nur Bänder von den Hörnern reißen. Wenn es Verletzungen gibt, dann bei ihnen.“

Cow-Sense

Einige Pferderassen wie die Camargue-Pferde haben einen Hütetrieb, ein ‚Gefühl‘ für Rinder. Sie sind sehr wendig und dürfen nicht ängstlich sein. Sie unterstützen die Arbeit der Guardians aktiv, indem sie blitzschnell auf Bewegungen und Körpersprache der Rinder reagieren.

CAMARGUE-PFERDE-GESTÜT

Diese mutigen weißen Pferde sind Klara gar nicht mehr aus dem Kopf gegangen. Deshalb besucht sie mit ihren Eltern am nächsten Tag ein Gestüt, einen Betrieb, der Camargue-Pferde züchtet. Dort wartet eine Überraschung auf sie. Guardians sind gerade dabei, eine kleine Pferdeherde zusammenzutreiben. Gekonnt sondern sie einige der Tiere ab und treiben sie in einen Paddock, einen umzäunten Sandplatz. Staunend verfolgt Klara das Schauspiel und bekommt auf einmal richtig Lust, auch so reiten zu können. Ob ihr das gelingen würde? Ein junger Mann kommt auf Klaras Familie zu.

AUF DEM GESTÜT

Till macht ein Praktikum auf dem Gestüt. Er soll ihnen den Hof zu zeigen. Klara möchte als Erstes eins dieser tapferen Pferde streicheln. Lachend holt Till sein Lieblingspferd ‚Joules' aus dem Stall. „Am besten hältst du ihm einmal kurz deine Hand zum Schnuppern hin und dann kannst du seinen Hals streicheln." Klara streicht über das kurze, weiße Fell, wie gut sich das anfühlt! Unwillkürlich muss sie lächeln. „Möchtest du mir beim Putzen helfen? Dann kann ich dir noch ein bisschen was über die Pferde erzählen", bietet ihr Till an. Erfreut stimmt Klara zu. „Joules hat den typischen Bau eines Camargue-Pferdes. Er ist kompakt gebaut und nicht zu groß, mit einem kurzen Hals. Die Ohren sind für ein Pferd eher klein. Dann kratzt Till Sams Hufe aus. „Die müssen immer sauber gemacht werden, obwohl diese Rasse sehr harte, große und gesunde Hufe hat. Das ist auch notwendig, denn sie sind oft im Wasser."
„Ich verstehe nicht, warum die Pferde weiß sind, ihre Fohlen aber braun oder schwarz?", fragt Klara.

FELLFARBEN

Schimmel
Der Schimmel hat dunkle Nüstern.

Brauner
Der Braune hat schwarze Beine, Mähne, Schweif und Schopf.

Falbe
Falben sind sehr unterschiedlich gefärbt, haben meist „Wildfarbigkeitsabzeichen" wie einen Aalstrich oder Zebrastreifung am Bein.

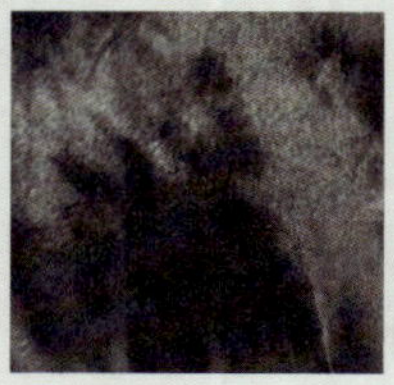

Rappe

Schecke

Fuchs

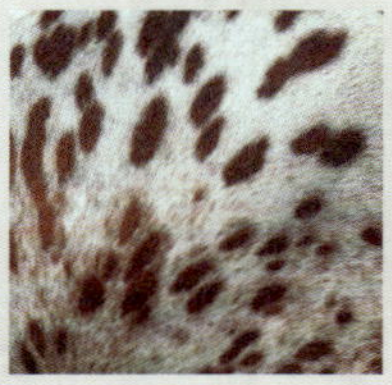

Tigerschecke

„Gut beobachtet!", lobt Till. „Wie unsere Haarfarbe wird auch die Färbung von Haut und Fell beim Pferd durch die Gene, also die Erbsubstanz, bestimmt. Eigentlich gibt es nur drei Grundfarben: rot, braun und schwarz. Dafür sind eingelagerte Farbpigmente verantwortlich. Schimmel haben außer den ‚Farbgenen' noch einen ‚Aufheller'. Der sorgt dafür, dass das Fell nach jedem Fellwechsel im Frühjahr und Herbst grauer wird, weil weniger Pigmente gebildet werden. Spätestens mit zehn Jahren ist dieser Vorgang abgeschlossen und das Fell sieht weiß aus, die Haut bleibt aber dunkel. Das kannst du an Joules dunklen Nüstern erkennen."

{ Weiße Abzeichen am Kopf eines Pferdes. Sie sind sehr individuell und werden als Erkennungsmerkmal in die Papiere eingetragen.

PFERDEZUCHT

Die Leiterin des Gestüts, Louise, kommt zu ihnen. „Ich brauche deine Hilfe, Till. Wir haben ein paar junge Stuten eingefangen, für die sich Käufer aus Deutschland interessieren. Wir müssen sie gleich vorführen." „Wofür kauft man ein Camargue-Pferd?", erkundigt sich Klara neugierig. „Oh, das ist unterschiedlich. Die meisten suchen ein gutes, verlässliches und robustes Freizeitpferd." Klara zuckt etwas ratlos mit den Schultern. „Und die findet man nur hier?" Louise muss lachen. „Naja, unsere Pferde sind schon etwas Besonderes. Sie sind sehr genügsam in der Haltung. Reiter haben viel Freude an den Pferden. Wenn sie gut zu ihnen sind, haben sie einen Freund fürs Leben.

Kaltbrand

Dabei wird das Brenneisen durch flüssigen Stickstoff auf -80 ° Celsius heruntergekühlt. Das ‚Brennen' sorgt dafür, dass nur noch weißes Fell an dieser Stelle wächst.

KALTBRAND – BEI SCHIMMELN NICHT GUT SICHTBAR.

BRANDZEICHEN

Ein Brandzeichen kennzeichnet die Rasse und manchmal auch das Gestüt oder den Züchter. Ein heißes Brenneisen wird dazu auf die Haut, meist an der Hinterhand, gedrückt. An dieser Stelle wächst kein Fell mehr. Diese Art der Kennzeichnung ist umstritten, da es dem Tier Schmerzen zufügt. In einigen Ländern ist es daher verboten. Alternativen dazu sind der Kaltbrand oder das Einsetzen eines Mikrochips, eines sogenannten Transponders. In der EU müssen alle Fohlen einen Transponder bekommen. Fehlt das Brandzeichen, lässt sich das Pferd äußerlich nicht eindeutig einer Rasse zuordnen.

Arabisches Vollblut | Hannoveraner | Holsteiner | Trakehner | Haflinger

ZÜCHTER/IN

Pferdezüchter/innen züchten normalerweise eine bestimmte Rasse und tragen dadurch zu deren Fortbestand bei. Sie besitzen meistens einige Zuchtstuten und einen Hengst, der gekört sein muss. Das ist so etwas wie ein Gütesiegel für Zuchthengste. Pferdezucht ist oftmals eher eine Liebhaberei als ein Beruf. Man braucht viel Fachwissen, Zeit und auch Geld. Am Ende kann man die Pferde oftmals gar nicht so teuer verkaufen, dass man davon leben könnte.

Ein ausgeglichenes, unerschrockenes und wendiges Pferd, ideal für Gelände- und Distanzritte. Nicht umsonst reiten die Guardians nur auf den Camargue-Pferden. Aber wenn sie schlecht behandelt werden, sind sie aufsässig und stur." Till nickt grinsend: „Das kann ich bestätigen!"
„Heute werden allerdings Zuchtstuten gesucht."
„Kann man denn Camargue-Pferde auch in Deutschland züchten?", fragt Klara verwundert. Louise nickt zustimmend. „Allerdings steht dann in den Papieren ‚Camargue Hors Berceau'. Das bedeutet: nicht in der Camargue geboren."
Till zeigt auf eine Zeichnung an Joules Hinterschenkel. „Alle Camargue-Pferde bekommen schon als Fohlen ein Brandzeichen, das ihre Rasse und meistens auch das Gestüt ausweist. Dafür fangen wir einmal im Jahr die Herde ein."

Pferderassen

Pferde wurden für unterschiedliche Zwecke gezüchtet, beispielsweise als schnelle Rennpferde, starke Kutschpferde oder kräftige Ritterpferde. Daraus sind ganz unterschiedliche Pferderassen entstanden. So beispielsweise Deutsches Reitpony, Araber oder Friesen, die aber alle zu der Art *Equus caballus*, dem Hauspferd gehören.

Camargue-Pferde sind vielseitig einsetzbar, es sind gute Reit- und auch Kutschpferde!

PFERDE DES MEERES

„Ich habe noch eine Frage“, sagt Klara, „warum gelten Camargue-Pferde eigentlich als die Pferde des Meeres?“

„Oh, das ist mein Lieblingsthema“, antwortet Till und seine Augen fangen an zu leuchten. „Um diese Pferde ranken sich einige Legenden. Eine besagt, dass Neptun, der römische Gott des Meeres, auf einem Camargue-Pferd aus dem Meer aufgetaucht ist. Er hat dann einem Stierzüchter dieses Pferd übergeben, das ihm beim Einfangen der Tiere helfen sollte. Die Bedingung war, dass das Pferd immer in Freiheit leben darf. Unsere Stierhirten tragen teilweise bis heute noch einen Dreizack, der an den des Neptun erinnert.“

Eine Zentaurin ist eine Frau mit Pferdekörper.

EINHÖRNER

Sind die weißen Einhörner eigentlich auch Camargue-Pferde?", scherzt Klara. Till muss lachen. „Nein, das nun doch nicht. Woher der Mythos mit den Einhörnern stammt, weiß niemand so genau. Sie gelten ja meist als gutherzige Wesen mit Zauberkräften. Manche sagen, es gab so etwas wie Einhörner tatsächlich, nämlich unter anderem in Sibirien. Das waren allerdings keine Pferde, sondern sie gehörten zu den Nashörnern. *Elasmotherium* hatte wahrscheinlich tatsächlich ein riesiges Horn auf der Stirn und ist möglicherweise noch den Menschen begegnet, bevor es ausgestorben ist."

PEGASUS

Und dann können die Camargue-Pferde also auch nicht fliegen wie Pegasus?" Klara zwinkert Till zu. Der nickt zustimmend. „Nein, natürlich nicht, obwohl das geflügelte Pferd auch weiß war. Er hat unter anderem Blitz und Donner für Zeus den Göttervater getragen. Dieser hat Pegasus für seine treuen Dienste ein besonderes Denkmal gesetzt. Man kann ihn nämlich als Sternbild am Himmel heute noch sehen."

MUSTANGS IN NORDAMERIKA

Klara folgt Till und der Leiterin des Gestüts nach draußen zu dem Paddock, an dem schon ein geschäftiges Treiben herrscht. Eine Frau hat eine Kamera mit Stativ aufgebaut. Interessiert geht Klara zu ihr. „Filmst du die Camargue-Pferde?“ „Ja“, antwortet die Frau, „das ist mein Beruf, ich bin Tierfilmerin.“ „Oh, wie cool!“ Klara ist beeindruckt. „Ich heiße übrigens Klara. Wo hast du denn schon überall gefilmt?“ „Ich bin Liz und war schon an vielen Orten dieser Welt. Beispielsweise in Nordamerika, dort habe ich eine kleine Herde Mustangs über einige Jahre beobachtet und die Tiere mit meiner Kamera begleitet.“ Sie holt ein Tablet aus ihrer Umhängetasche und zeigt Klara ein Video.

HALBWILDE LEBENSWEISE

Fasziniert betrachtet Klara auf dem Tablet eine Gruppe bunter Pferde, die durch die Wildnis galoppieren. „Wow, das sind richtige Wildpferde, oder?“ Liz schüttelt den Kopf. „Diese Pferde leben zwar frei auf den weiten Flächen des Landes; Wildpferde im engeren Sinn sind es aber nicht. Denn sie gehören wie die Camargue-Pferde zum *Equus caballus,* also dem Hauspferd. Man könnte auch sagen, Mustangs sind die verwilderten Nachkommen entlaufener Hauspferde.“ Nun mischt sich Klaras Vater ein. „Und was ist mit den Dülmener Pferden in Deutschland? Von denen habe ich nämlich schon gehört.“ „Das sind ebenfalls keine Wildpferde, auch wenn sie halbwild in kleinen Herden leben. Übrigens genauso wie das Dartmoor Pony in Großbritannien oder das Namibische Wildpferd“, antwortet ihm Liz.

MUSTANG

GRÖSSE: meist zwischen 140–150 cm, selten auch größer
FELLFARBEN: alle Farben
BESONDERHEITEN: Sie sind kompakt gebaut, kräftig, ausdauernd, zäh, mutig und genügsam.

WILDPFERDE

Klara ist ratlos. „Also gibt es gar keine Wildpferde?“ Liz klärt sie auf: „Naja, die meisten Wildpferde, wie beispielsweise der Tarpan *Equus ferus,* sind inzwischen ausgestorben. Das einzige noch lebende Wildpferd ist das Przewalski-Pferd *Equus przewalskii.* Und auch das war eigentlich schon fast ausgestorben. Es wurde in Zoos gezüchtet und dann in der Mongolei wieder ausgewildert. In Europa gibt es ebenso kleine Herden, in der Döberitzer Heide in Brandenburg beispielsweise.“

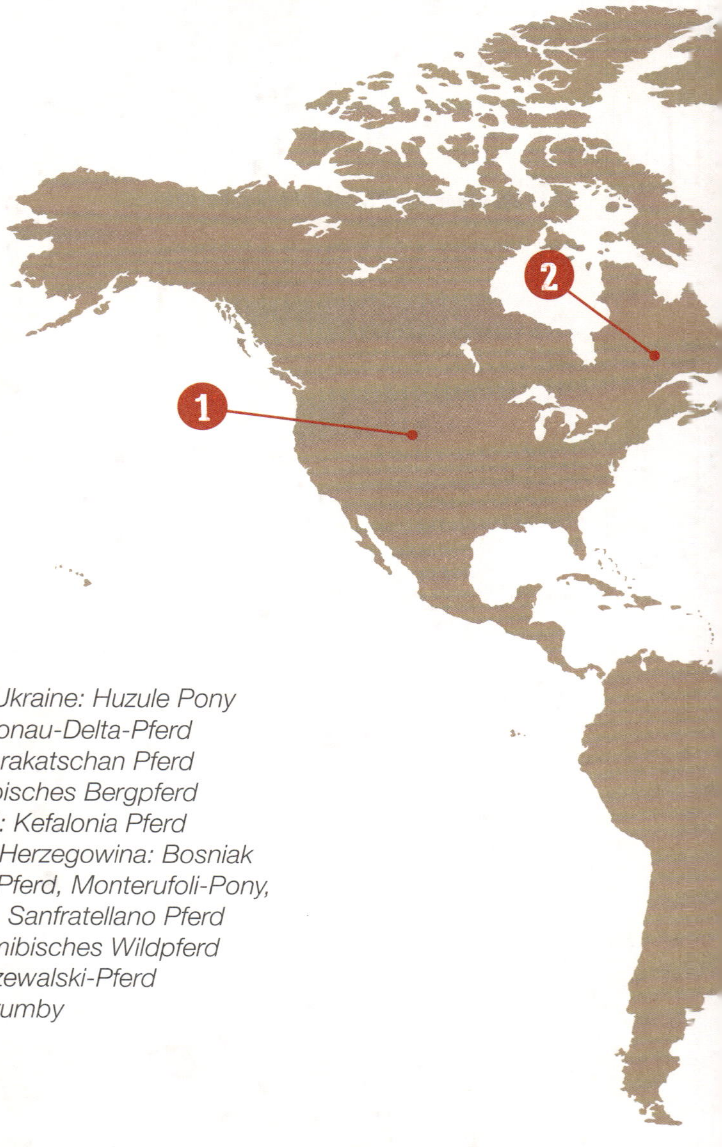

1 *USA: Mustang*
2 *Canada: Sable-Island-Pony*
3 *Portugal: Garrano, Sorraia*
4 *Spanien: Asturcon Pony, Galicisches Pony, Losiño, Pottoka,Retuerta*
5 *Frankreich: Camargue-Pferd*
6 *Großbritanien: Exmoor Pony, Dartmoor Pony, New-Forest-Pony, Welsh Pony*
7 *Deutschland: Dülmener Pferd*
8 *Polen: Konik*
9 *Ungarn und Ukraine: Huzule Pony*
10 *Rumänien: Donau-Delta-Pferd*
11 *Bulgarien: Karakatschan Pferd*
12 *Serbien: Serbisches Bergpferd*
13 *Griechenland: Kefalonia Pferd*
14 *Bosnien und Herzegowina: Bosniak*
15 *Italien: Giara Pferd, Monterufoli-Pony, Pentro-Pferd, Sanfratellano Pferd*
16 *Namibia: Namibisches Wildpferd*
17 *Mongolei: Przewalski-Pferd*
18 *Australien: Brumby*

PFERDE DER SPANIER

„Wieso leben denn die Mustangs frei, wenn es eigentlich Hauspferde sind?“, möchte Klara wissen. Liz berichtet: „Die spanischen Eroberer haben sie um 1500 mit Schiffen nach Amerika gebracht. Die in Amerika heimischen Wildpferde waren nämlich ausgestorben. Die Pferde der Spanier waren gute, temperamentvolle Pferde, die aus Züchtungen unter anderem von Arabern und Andalusiern stammten. Die Pferdeherden wuchsen schnell und immer wieder sind Tiere ausgerissen und konnten nicht mehr eingefangen werden. In der grasreichen Prärie haben sie sich wohl gefühlt und schnell vermehrt. Man nannte sie ‚Mustangs‘, was wohl so viel wie ‚herrenloses Tier‘ bedeutet.“

Equus caballus

Das Hauspferd ist domestiziert, es ist vom Menschen aus Wildpferden zur eigenen Nutzung gezüchtet worden. Wahrscheinlich sind im Laufe der Zeit immer wieder Wildpferde eingekreuzt worden. Alle heute lebenden Rassen gehen auf die Züchtung von speziellen Eigenschaften zurück.

PRZEWALSKI-PFERD

GRÖSSE: 130–145 cm

FELLFARBEN: Falben

BESONDERHEITEN: Wildpferd mit typischen Merkmalen, wie dem Aalstrich auf dem Rücken und einer Stehmähne.

Ohne Anspruch auf Vollständigkeit. Die Makierungen zeigen auf die Staaten und nicht auf die entsprechenden Regionen, in denen die Pferde vorkommen. Bis auf 17 handelt es sich um wildlebende, entlaufene Hauspferde.

APPALOOSA

Klara zeigt am Tablet auf ein weißes Pferd mit schwarzen Tupfen. „Das sieht doch tatsächlich aus wie das Pferd von Pipi Langstrumpf!" Liz muss grinsen. „Genau wie Pipis ‚kleiner Onkel' ist das ein Appaloosa. Die stammen auch von den Pferden der Spanier ab. Den Nez Percé, den amerikanischen Ureinwohnern, haben diese getupften Pferde oder Tigerschecken besonders gefallen. Aufgrund ihres ausgeglichenen, freundlichen Charakters und weil sie in der Natur nicht so leicht zu entdecken, also getarnt sind. Die Nez Percé haben die erste Appaloosa-Zucht aufgebaut. Einige lebten am Fluss Palouse in Idaho, daher der Name. Leider sind sehr viele Tiere gestorben, als die Nez Percé mit der zunehmenden Besiedlung Nordamerikas aus ihrer ursprünglichen Heimat verdrängt wurden. Erst Anfang des 20. Jahrhunderts hat man mit den wenigen verbliebenen Appaloosa wieder angefangen zu züchten. Heute sind es beliebte Reitpferde."

Die amerikanischen Ureinwohner haben die entlaufenen und verwilderten Pferde der Spanier eingefangen.

APPALOOSA

GRÖSSE: zwischen 142–165 cm
FELLFARBEN: alle Farben, auffällige Zeichnung in sechs verschiedenen Mustern mit unterschiedlichen Flecken oder Punkten
BESONDERHEITEN: Sehr ausdauernd und leistungsbereit, dabei ausgeglichen, sehr gelassen im Umgang mit Menschen.

VOM FUSSGÄNGER ZUM STOLZEN REITER

Die Pferde der Spanier haben wahrscheinlich das Leben der amerikanischen Ureinwohner verändert", mutmaßt Klaras Vater. Liz nickt. „Oh ja, und zwar von Grund auf. Mit Pferden war man viel mobiler, die Jagd einfacher. Die Menschen konnten lange Strecken mit ihnen zurücklegen und so neue Gegenden erschließen. Außerdem trugen oder zogen Pferde Lasten. Zu Fuß mit viel Gepäck schafft man an einem Tag vielleicht zehn Kilometer, mit Pferden locker das Doppelte. Auch die Tippis, die Wohnzelte der Ureinwohner, wurden immer größer, weil sie nicht mehr von den Menschen getragen werden mussten. Pferde waren sehr wertvoll. Die amerikanischen Ureinwohner haben die wilden Mustangs eingefangen und gezähmt oder auch Pferde von den Koppeln der Spanier entwendet und gezüchtet. Nachdem sie immer mehr und mehr Teile ihres Landes an die Eroberer verloren hatten, ging die Zeit der Pferde dann allerdings auch zu Ende."

MUSTANGS HEUTE

„Aber Mustangs gibt's doch heute immer noch?", erkundigt sich Klara. „Allerdings, und zwar ziemlich viele", stimmt Liz ihr zu. „In den Nationalparks im Westen der USA leben ca. 30.000 Pferde. Sie vermehren sich schnell und deshalb hat das BLM, das Bureau of Land Management, eingegriffen. Jedes Jahr werden tausende Mustangs eingefangen, denn die zur Verfügung stehende Natur würde für zu viele Tiere nicht ausreichen. Außerdem fürchten die Viehzüchter um ihre Weidegründe."
„Was passiert mit den Mustangs?", fragt Klara besorgt. „Tja, das ist tatsächlich ein Problem. Erstmal kommen sie in Auffangstationen und dann versucht man, neue Besitzer zu finden. Das gelingt leider nicht immer." Liz macht ein unglückliches Gesicht.

Hilfe für die Mustangs

Das BLM und auch andere Organisationen weltweit versuchen, die Mustangs zu vermitteln. Es gibt beispielsweise Adoptionsprogramme und die beliebten ‚Mustang Makeover'. Dort führen Pferdetrainer ihre vorher in 100 Tagen gezähmten Tiere in einer Show vor. Anschließend können diese Mustangs direkt käuflich erworben werden.

DER HENGST BLACK JACK

Stolz zeigt Liz Klara ein Video auf ihrem Tablet und deutet auf einen schwarzen Hengst. „Schau mal, das ist Black Jack. Den kenne ich von seiner Geburt an und habe die Stationen seines Lebens verfolgt.

„Der Kampf sieht aber echt hart aus!“, Klara ist ein bisschen schockiert. „Es war auch ein harter Kampf, hier hat Black Jack mit einem Leithengst gekämpft, um dessen Stuten-Herde zu übernehmen.“ „Wie, die Stuten gehören doch nicht einem Hengst, oder?“ Klara ist empört. „Das nicht, aber ohne Hengst gibt es auch keine Fohlen. Ansonsten kommen die Stuten auch gut alleine klar.“

LEBEN EINES HENGSTES

FOHLENZEIT

„Gibt es denn pro Herde nur einen Hengst, und was passiert dann mit den anderen?“, fragt Klara. „Ich zeige dir am besten den Zusammenschnitt von Black Jacks Leben, Hengste haben es tatsächlich schwerer als Stuten. Hier ist er mit seiner Mutter, er war so ein süßes, hübsches Fohlen und sehr kräftig. Alle Junghengste rangeln und spielen miteinander und üben so von klein auf das Kämpfen.

Leithengst

Er beschützt die Herde vor anderen Hengsten und vor Gefahren. Deshalb läuft er meistens am Schluss, um alles im Blick zu haben. Er passt auf, dass kein Tier zurückbleibt und hält die Herde zusammen.

HENGSTE MÜSSEN DIE HERDE VERLASSEN

Irgendwann, wenn die Junghengste zu groß werden und sich für die Stuten interessieren, scheucht sie der Leithengst aus der Herde. Denn er möchte sicherstellen, dass nur er sich mit den Stuten paart. Black Jack wollte seine Herde natürlich nicht verlassen und ist noch viele Tage der Gruppe gefolgt. Aber immer, wenn er zu dicht an die Stuten herangekommen ist, hat der alte Hengst ihn verjagt."

JUNGGESELLENGRUPPE

„Oh, der Arme!" Klara verfolgt die Videoaufnahmen und hat Mitleid mit dem jungen Hengst. „Dann hat er sich einer ‚Junggesellengruppe' angeschlossen. Da leben meistens jüngere Hengste zusammen, die keine eigene Stuten-Herde haben. Gemeinsam ist das Überleben leichter. Es gibt aber auch Hengste, die alleine leben." „Und was ist mit Black Jack?"

LEITHENGST

„Der hat es tatsächlich geschafft, sich eigene Stuten zu erobern. Immer wieder hat er Leithengste herausgefordert und über ein Jahr den Kürzeren gezogen. Aber irgendwann war er stark genug. Der Kampf, den du schon gesehen hast, hat dann sein Leben verändert. Black Jack hat den alten Hengst besiegt und bis jetzt hat er es geschafft, die Stuten gegen Rivalen zu verteidigen." „Puh, das Leben eines Hengstes scheint gefährlich zu sein." Klara zieht eine Grimasse. „Ja, das ist auch so. Hengste in freier Wildbahn werden oft nicht sehr alt."

IM REITSTALL

Klara ist schon seit zwei Wochen aus dem Urlaub zurück und heute ist es soweit! Sie darf den Reitstall ihrer Freundin Helene besuchen. Die beiden Mädchen radeln vergnügt durchs Tor. Auf einmal rast ein weißes Pony im Höllentempo auf die beiden zu. Klara schreit vor Schreck und wäre fast vom Fahrrad gekippt. Im letzten Moment schlägt das Pony einen Haken und rennt buckelnd davon. „Hier ist es aber nicht ungefährlich", sagt Klara in leicht vorwurfsvollen Ton zu Helene. Die winkt ab. „Keine Sorge, Klara, das war nur Silver. Ein waschechtes Pony eben, aber er tut niemandem etwas zu leide." Klara zuckt verständnislos mit den Schultern. „Was meinst du denn mit waschecht?"

DIE PFERDEWELT

Ponys sind zwar süß und niedlich, aber auch frech und ziemlich ausgebufft. Silver beispielsweise kann seine Paddocktür öffnen, das schafft keins von den Großpferden." „Was meinst du mit ‚Großpferd', sind Ponys denn keine Pferde?" Klara versteht gar nichts mehr. Helene klopft Klara freundschaftlich auf die Schulter. „Ich werde dir jetzt eine kleine Einführung in die Pferdewelt geben. Wir laufen einfach herum und ich zeige dir mal alles." Auf ihrem Rundweg kommen sie an einem Rondell vorbei. Zwei Pferde sind mit langen Leinen an einem Metallgestänge befestigt, das sich automatisch im Kreis dreht. „Was ist das denn?", fragt Klara verwundert. „Das ist eine Führanlage. Alle Pferde brauchen Bewegung, manche Besitzer haben aber nicht jeden Tag Zeit dazu."

Paddock

Das ist ein grasloser, eingezäunter Auslauf für Pferde. Kann auch direkt an eine Außenbox anschließen.

SHIRE HORSE

GRÖSSE: 170–195 cm
FELLFARBEN: Rappen, Braune, Schimmel
BESONDERHEITEN: Sie kommen aus England und gehören zu den größten Pferden der Welt. Auffällig sind ihre weißen Beine mit dem langen Fesselbehang.

Heute werden Kaltblüter kaum noch gebraucht, meist erledigen Maschinen ihre Arbeit.

KALTBLUT

Darunter werden alle Pferderassen zusammengefasst, die besonders groß und schwer sind. Der Name bezieht sich nicht auf die Temperatur des Bluts, sondern auf ihr ruhiges und ausgeglichenes Temperament. Diese Pferde sind ursprünglich gezüchtet worden, um schwere Lasten oder einen Pflug zu ziehen, es sind Arbeitspferde.

HANNOVERANER

GRÖSSE: 160–185 cm
FELLFARBEN: alle Farben
BESONDERHEITEN: Hannoveraner sind sehr begabte und die beliebtesten Sportpferde. Sie können sowohl Springen als auch Dressur und gewinnen hohe Auszeichnungen.

WARMBLUT

Warmblüter sind ursprünglich aus Kreuzungen von Kaltblütern und Vollblütern gezüchtet worden. Dabei sind ideale Reitpferde entstanden, die sich vielseitig für Dressur, Springen und im Gelände einsetzen lassen. Bei der Zucht der verschiedenen Rassen wird vor allem auf ausdauernde, sportliche Leistungsfähigkeit geachtet.

VOLLBLUT

Zierlich, leicht gebaut und schnell – Vollblüter sind ganz besondere Pferde. Sie sind empfindsam, nervös und lassen sich schnell aus der Ruhe bringen. Ihr Körperbau und das hitzige Temperament machen sie zu idealen Rennpferden. Vollblüter sind keine Anfängerpferde, obwohl sie eine enge Bindung zu Menschen eingehen können.

ARABISCHES VOLLBLUT

GRÖSSE: 148–160 cm
FELLFARBEN: oft Schimmel, aber alle Farben möglich
BESONDERHEITEN: Sehr temperamentvolle, ausdauernde und schnelle Pferde. Stammen ursprünglich aus der Wüste der Arabischen Halbinsel. Ein typisches Merkmal ist der ‚Hechtkopf'.

SHETLAND PONY

GRÖSSE: bis 110 cm
FELLFARBEN: alle Farben
BESONDERHEITEN: Shettys stammen von den Shetlandinseln. Für ihre kleine Größe sind sie ziemlich stark, mutig, durchsetzungsfähig und robust. Sie gelten als intelligent und sollten immer beschäftigt werden.

PONY

Diese Einteilung bezieht sich allein auf die Körpergröße. In Deutschland gilt: Alle Pferde, die kleiner als 148 cm sind, gelten als Ponys. Daher werden hier die unterschiedlichsten Rassen geführt, vom Miniaturpony bis zum Haflinger. Ponys gelten als intelligent, dickköpfig und frech – süß sind sie allemal!

EINIGE PFERDERASSEN

FALABELLA

Die kleinsten Pferde der Welt mit sanftmütigem Charakter stammen aus Argentinien. Zum Reiten eher ungeeignet.

WELSH PONY

Robuste, personenbezogene und temperamentvolle Tiere mit verschiedenen Zuchtlinien. Sehr gute Freizeit- und Familienpferde.

HAFLINGER

Die Füchse mit der hellen Mähne stammen aus Südtirol. Die trittsicheren Bergpferde sind sehr beliebt und vielseitig einsetzbar.

QUARTER HORSE

Kräftige Hinterhand, schnell, wendig und mit dem Cow-Sense ausgestattet! Ein ideales Western- und Freizeitpferd.

FRIESE

Ausschließlich Rappen mit wallender Mähne und Schweif. Es sind starke, kräftige Pferde, die vielseitig einsetzbar sind.

LIPIZZANER

Meist wunderschöne Schimmel, mit großer Begabung für die Hohe Schule der Dressur. Die *spanische Hofreitschule* in Wien bildet sie dafür aus.

ISLANDPFERD

Extrem robust, mutig und stark, Isis sind beliebte Freizeitpferde. Sie beherrschen eine weitere Gangart: Tölt – eine gelaufene Gangart ohne Schwebephase.

CONNEMARA PONY

Sportlich, trittsicher, gute Springer – diese in Irland beheimateten Ponys sind ideal zum Reiten für Kinder.

TINKER (IRISH COB)

Freundliche, starke und ausgeglichene Pferde, die ausgezeichnet als Kutschpferde geeignet sind. Meist Schecken, mit üppiger Mähne und Fesselbehang.

ANDALUSIER

Das ‚Pferd Spaniens' hat elegante, ausdrucksstarke Gänge und eignet sich daher besonders als Dressurpferd.

ARDENNER

Ursprünglich dienten diese kräftigen Kaltblüter als Schlachtrosse. Heute vorwiegend als Zugpferd oder in der Forstwirtschaft verwendet.

TRAKEHNER

Sportpferde mit hohem Anteil an Vollblut. Leistungsstarke, aber auch temperamentvolle Tiere, die meist gut springen können.

STALL UND FUTTER

Helene führt Klara zu einer Weide mit einem großen Unterstand. „Schau mal, Klara, das ist ein Offenstall. Diese Pferde haben es am besten. Sie können den ganzen Tag in Gesellschaft draußen sein und wenn es regnet oder kalt ist, können sie in den Unterstand gehen." Interessiert sieht sich Klara alles an. „Und warum werden dann Pferde auch in Boxen gehalten, wenn es doch draußen viel schöner und gesünder für sie ist?" „Tja, das frage ich mich allerdings auch manchmal", antwortet Helene. „Das liegt wohl an ihren Besitzern. Manche wollen gar nicht, dass ihre teuren Sportpferde den ganzen Tag draußen stehen, weil sie sich dort leichter verletzen können.

Pferde trinken je nach Größe zwischen 20 und 30 Liter Wasser am Tag.

Andere wiederum wollen ihre Pferde vor schlechtem Wetter schützen. Hier auf dem Hof gibt es auch Außenboxen mit einem kleinen Paddock davor, das ist auch nicht schlecht."
Helene zeigt Klara die Außenboxen.

Pferde fühlen sich auf der Weide in einer großen Gruppe besonders wohl.

GRAS

HEUBALLEN

HEUPELLETS UND KRAFTFUTTER

LECKERLI

ÄPFEL

KAROTTEN

Pferde haben eine empfindliche Verdauung – Zucker dürfen sie keinesfalls bekommen!

ZUCKER

„Das ist ein Appaloosa!“, ruft Klara aufgeregt. „Stimmt, das ist Spirit, eins von den Schulpferden“, sagt Helene amüsiert. Klara geht zu Spirit und hält ihm ihre Hand hin. Vorsichtig schnüffelt er daran und pustet ihr dann sanft ins Gesicht. Ein Glücksgefühl breitet sich in Klara aus. Sie ist schockverliebt, Spirit ist das schönste Pferd, das sie je gesehen hat! Aus ihrer Tasche kramt sie ein Stück Würfelzucker hervor. „Nicht!“, ruft Helene entsetzt, „das dürfen Pferde nicht bekommen. Am besten bringst du das nächste Mal Äpfel oder Möhren mit.“

Was fressen Pferde?

Die beste Ernährung für ein Pferd ist sogenanntes Raufutter, darunter versteht man Heu, Gras und Stroh. Außerdem brauchen Pferde viel Wasser zum Trinken. Sportpferde bekommen auch Kraftfutter, das ist meist Hafer oder Pferdemüsli. Über Möhren und Äpfel freut sich jedes Pferd und Pferdeleckerli kann man daraus, gemischt mit Haferflocken, leicht selbstmachen.

REITEN IST MEHR ALS SPORT

Klara hat gerade den Rundgang mit Helene beendet, als eine Gruppe Reiterinnen und Reiter von einem Ausritt zurückkommt. Sie unterhalten sich fröhlich und sehen glücklich aus. „Wenn ich nur auch schon so gut reiten könnte“, denkt Klara. Im Hof halten alle an. Ein Mann bringt einen Rollstuhl und hilft einem jungen Reiter beim Absteigen. Als der Junge auf dem Pferd saß, ist ihr gar nicht aufgefallen, dass er nicht laufen kann! Helene bemerkt Klaras Erstaunen. „Das ist übrigens Paul, ein voll netter Typ und absoluter Pferdenarr“, sagt sie zu ihr.

PAUL

Klara folgt der Gruppe in den Stall. Ein Pferdepfleger hilft Paul beim Absatteln. Anschließend schnappt der Junge sich eine Bürste und putzt sein Pferd. Schüchtern tritt Klara näher. „Kann ich dir was helfen oder so?" Paul sieht sie belustigt an. „Hey, dich kenne ich ja noch gar nicht." „Ich bin Klara, Helenes Freundin", beeilt sie sich zu sagen. „Und ich bin Paul. Hilfe brauche ich keine, aber falls du magst, kannst du mir beim Putzen helfen." „Du kannst so gut reiten, seit wann machst du das schon?", fragt Klara.

„Ich reite schon seit ein paar Jahren und habe jetzt auch mein eigenes Pflegepferd. Das ist Prinz", sagt Paul stolz. Klara macht sich daran, Prinz zu bürsten. „Ich möchte auch reiten lernen", erklärt sie Paul.

REITLEHRER/ REITLEHRERIN

Es gibt mehrere Möglichkeiten, Reitlehrer oder Reitlehrerin zu werden. So kann man einen mehrtägigen Lehrgang für eine Lizenz zum Trainer (drei Stufen: C, B oder A) absolvieren, der mit einer Prüfung abschließt. Für die Zulassung muss man verschiedene Qualifikationen nachweisen. Auch eine dreijährige Ausbildung zum/zur Pferdewirt/in mit dem Schwerpunkt ‚Klassische Reitausbildung' ist möglich. Dabei lernt man, Pferde und auch Reiter und Reiterinnen auszubilden.

PARA-DRESSUR-SPORT

Im Para-Dressursport gibt es je nach Schwere der Behinderung fünf Startklassen, sogenannte ‚Grades'. Das soll dafür sorgen, dass sich die Sportlerinnen und Sportler mit vergleichbaren Einschränkungen im Wettkampf messen können. Für jedes Grade existieren eigene Aufgaben. Bei den Paralympics, also der Olympiade für Menschen mit Behinderungen, ist Dressur die einzige Reitdisziplin. ‚Para' bedeutet ‚neben': die Paralympics finden neben der Olympiade statt.

PARA-REITSPORT

Reiten ist einfach toll. Im Moment trainiere ich gerade für einen Wettkampf in zwei Wochen." „Wow", Klara ist begeistert. „Was ist das für einer?" „Ich reite zum ersten Mal eine L-Dressur. ‚L' steht für ‚leicht'. Vorher bin ich bei den Anfängern, also A-Dressur geritten. Und es ist ein Turnier, bei dem alle starten können, also mit und ohne Handicap." „Gibt es denn auch Turniere, an denen nur Menschen mit Behinderungen teilnehmen dürfen?", erkundigt sich Klara. „Ja, im Para-Reitsport werden auch solche Turniere organisiert, beispielsweise für Dressur und Springen. Mein Traum ist es, eines Tages an den Paralympics teilzunehmen."

PAUL UND KLARA UNTERHALTEN SICH

LOGO DER PARALYMPICS

LOGO DER OLYMPISCHEN SPIELE

Olympische Reitdisziplinen

Bei den olympischen Spielen gibt es Dressur, Springen und Vielseitigkeit. Die Vielseitigkeit wurde früher Military genannt und besteht aus Dressur, Springen und Geländereiten. Einmal war auch Voltigieren unter dem Namen ‚Kunstreiten' mit dabei.

PFERDE TUN GUT!

Ich habe übrigens nach meinem Unfall mit dem Reiten angefangen", erklärt Paul Klara. „Mir ging es nicht so gut und der Arzt hat mir therapeutisches Reiten verordnet. Er meinte, dass man beim Schrittreiten ähnliche Bewegungen wie beim Laufen macht. Erst fand ich das komisch. Aber dann war es bald ein schönes Gefühl, auf einem Pferd zu sitzen.

Und so ist bei mir der Wunsch entstanden, richtig Reiten zu lernen. Schnell habe ich festgestellt, dass Pferde sich auf die verschiedenen Menschen einstellen können. Ich als Reiter wiederum muss meinem Pferd mitteilen können, was ich von ihm will. Durch die Pferde ging es mir immer besser und ich habe den richtigen Umgang mit ihnen gelernt." „Ist das schwierig?" Daran ist Klara natürlich auch interessiert. „Man kann sich darin üben, die Signale von Pferden richtig zu deuten. Und man kann auch trainieren, sich so zu verhalten, dass die Pferde wiederum uns verstehen." „Das möchte ich auch gerne alles wissen!", Klara ist sofort Feuer und Flamme. „Kein Problem, ich kann dir einiges zeigen und in den Ferien gibt es ab und an einen Kurs zum Einstieg in die Pferdesprache. Den könntest du einfach besuchen."

PFERDE LÖSEN FREUDE AUS!

Der Umgang mit Pferden will gelernt sein!

PFERDE HELFEN BEIM HEILEN

Durch das Reiten habe ich wieder Selbstvertrauen gewonnen. Ich bin stolz darauf, gut reiten zu können. Und den Pferden ist es völlig egal, ob ich laufen kann oder nicht." Lachend streichelt Paul Prinz über die Nüstern. Der Wallach pustet ihm liebevoll ins Gesicht. Klara wird ganz warm ums Herz und ihr fällt etwas ein: „Neulich habe ich was Cooles gelesen. Der Hengst Peyo besucht mit seinem Reiter regelmäßig Patienten in einem Krankenhaus in Calais. Ich habe mir auch Bilder angeschaut: Das Pferd läuft durch die Gänge, geht in die Krankenzimmer und lässt sich streicheln. Die Leute sehen dann richtig glücklich aus."

Therapeutisches Reiten

Darunter werden alle therapeutischen Maßnahmen zusammengefasst, die mit oder auf einem Pferd durchgeführt werden. Beispielsweise zur Verbesserung der körperlichen Fähigkeiten oder der psychischen Verfassung.

AUF DER TRABRENNBAHN

Am Sonntag begleitet Klara ihren Onkel auf die Trabrennbahn, heute ist Renntag. Onkel Mattis begeistert sich für diesen Pferdesport und hatte bis vor ein paar Jahren sogar selbst einen Traber. Gerade läuft ein Rennen und Klara beobachtet gespannt, wie die Pferde mit den Sulkys den Traberwagen, im Höllentempo um die Bahn traben. Ein Pferd wird disqualifiziert, weil es angaloppiert ist. „Es ist nur Trab erlaubt", kommentiert ihr Onkel. Und schon sind die Pferde auf der Zielgeraden, Klara hält den Atem an. Ein braunes Pferd schiebt sich noch im letzten Augenblick an einem Schimmel vorbei und läuft als Erster durch die Lichtschranke. Onkel Mattis reißt die Arme in die Luft und brüllt vor Freude. „Emma Bauer mit Eventus hat gewonnen, das ist toll", ruft er.

TRABRENNEN FAHREN

Die Fahrerin ist ja eine Frau“, sagt Klara erstaunt. „Ja, warum denn nicht?“ Ihr Onkel muss lachen. „Ich würde vorschlagen, dass du Emma kennenlernst, gleich nach der Siegerehrung gehen wir zu den Ställen.“
Beim Stall angekommen steht Emma bei ihrem Traber Eventus und streichelt seinen Kopf. Ein Stallpfleger hat bereits den Sulky ausgespannt. „Herzlichen Glückwunsch, Emma, ein großartiger Sieg!“, sagt Onkel Mattis und geht mit offenen Armen auf Emma zu. „Ja, nicht wahr?“, Emma strahlt, „Eventus ist in Höchstform, ich habe ihn seit Wochen trainiert.“ „Ist das dein Pferd?“, fragt Klara. „Das ist meine Nichte Klara“, stellt ihr Onkel sie vor. „Ja, Eventus gehört meiner Familie. Ich habe eine Amateurfahrerlizenz und darf mit eigenen Pferden starten. Es gibt allerdings auch sogenannte Berufsfahrer, dafür braucht man eine Berufsausbildung.“ „Wie bist du denn darauf gekommen, Trabrennen zu fahren?“, wundert sich Klara. „Mein Vater hat mich immer mit zu den Rennen genommen. Das hat mir gefallen, dass man in einem Wagen sitzt und die Pferde nur traben dürfen. Irgendwann wollte ich es selbst ausprobieren und dann hat es mich einfach nicht mehr losgelassen. Trabrennen sind nicht so gefährlich wie Galopprennen, wo die Verletzungsgefahr für die Jockeys viel größer ist.“ „Selbst ich bin schon im Sulky gefahren“, bestätigt Onkel Mattis, „damit kann man sogar noch anfangen, wenn man älter ist. Die körperlichen Anforderungen sind nicht so hoch wie beim Reiten. Selbst als Neueinsteiger kann man schnell Fortschritte machen.“ Das bestätigt Emma: „Es kommt darauf an, sich auf ein Pferd einstellen zu können und es zu motivieren, Leistung zu erbringen. Dann kann man auch als relativer Anfänger erfolgreich Rennen fahren.“

BERUFSFAHRER/IN IM TRABRENNEN

Für diesen Beruf benötigt man eine dreijährige Ausbildung zum Pferdewirt in der Fachrichtung Pferderennen. Nach dem Abschluss kann man sowohl im Trabrenn- als auch im Galopprennsport tätig sein. Zu dem Beruf gehören auch das Trainieren und die Pflege der Pferde.

GANGART: TRAB

Trab ist eine mittelschnelle Gangart im Zweitakt. Es sind abwechselnd zwei diagonale Beinpaare auf der Erde, jeweils dazwischen ist eine Schwebephase. Dadurch entsteht eine schwungvolle Bewegung, die den Reiter oft ziemlich durchschüttelt und sich meist nicht gut aussitzen lässt.

Trabrennbahn Berlin Mariendorf

Deutscher Traber

Diese Rasse wird für die Anforderungen im Trabrennsport gezüchtet, es sind schlanke, aber muskulöse Vollblüter. Traber sind intelligent mit einem treuen Charakter, daher sind sie auch als Reitpferd sehr beliebt. Viele Traber haben die Verlangung zur Gangart Tölt.

SULKY UND KUTSCHE

Emma schaut sich den Sulky genauer an. „Der sieht ziemlich leicht aus. Die Kutschen, die ich kenne, sind schwerer und größer. Wie viel kann ein Pferd eigentlich ziehen?" Onkel Mattis antwortet ihr: „Man geht davon aus, dass ein Pferd etwa das Zweifache seines Körpergewichtes über längere Entfernungen ziehen kann. Das sind bei Warmblütern über eine Tonne pro Pferd, bei Kaltblütern, die viel mehr wiegen, auch schon mal das Doppelte." „Streng genommen ist ein Sulky gar keine Kutsche, sondern ein Pferdewagen", bemerkt Emma. „Wagenrennen gab es ja schon vor tausenden von Jahren. Das Trabrennen hat angeblich in Ungarn begonnen. Bauern haben ihre Waren mit einachsigen Marktkarren, die von Pferden gezogen wurden, zum Marktplatz gefahren. Wer als Erstes ankam, konnte sich den besten Platz sichern. Daher haben sich die Bauern vorher regelrechte Rennen geliefert, um möglichst schnell am Ziel zu sein." Onkel Mattis ergänzt: „Pferde haben früher fast alles gezogen und den Menschen damit viel Last abgenommen. Beispielsweise in der Landwirtschaft Pflüge oder Eggen. Als die Eisenbahn aufkam, gab es auch Pferdebahnen, quasi Straßenbahnen, die von Pferden gezogen wurden. Beim ‚Treideln' zogen Pferde sogar Lastkähne mit Passagieren oder Frachtgut entlang der Ufer zum Beispiel des Rheins stromaufwärts."

Eine Darstellung Pharao Ramses II. auf seinem Streitwagen.

LIEFERWAGEN

Pferdewagen waren meist ohne Verdeck und Federung.

LANDAUER

Landauer bieten Platz für 4 Personen. Im frühen 19. Jahrhundert waren diese Kutschen Statussymbole.

HOCHZEITSKUTSCHE

Wie ein königliches Paar: Noch heute wollen Hochzeitspaare an ihrem besonderen Tag mit einer Kutsche vorfahren.

„Wow!“, Klara ist beeindruckt. „Also ich finde ja alte Kutschen toll, in denen früher die reichen Menschen gefahren sind.“ Emma nickt zustimmend. „Die mag ich auch, tatsächlich hat meine Familie einen historischen Landauer. Eine Kutsche mit zwei Achsen und man sitzt sich gegenüber. Das Besondere ist, dass man das Dach aufklappen kann, wie bei einem Cabriolet. Der Landauer war früher als Reisekutsche sehr beliebt, aber natürlich so teuer, dass ihn sich nur Reiche leisten konnten.“ „Wer keine eigene Kutsche hatte, konnte eine Postkutsche nehmen“, sagt Onkel Mattis.

Kutsche

Im Unterschied zum reinen Pferdewagen ist eine Kutsche gefedert. Sie kann ein- oder mehrachsig sein und hat in jedem Fall ein Verdeck, das den Reisenden Schutz vor Wind und Wetter bietet. Im Allgemeinen verbindet man mit einer Kutsche bequemes Reisen. 1886 bestellte der Automobilpionier Gottlieb Daimler eine Kutsche als Geschenk für seine damalige Frau. Er baute einen Motor ein und es entstand das erste vierrädrige Automobil.

WIR FAHREN MIT DER POST!

„Mit einer Postkutsche fahren, das wäre echt ein Traum!", Klara bekommt ganz glänzende Augen. Emma fängt an zu lachen. „Na, ich weiß nicht. Das Reisen war sicher beschwerlich und auch langsam, die Wege waren ja kaum ausgebaut. Irgendwo habe ich gelesen, dass man für Postkutschen auch Namen wie Marterkasten oder Knochenknacker hatte." „Oh", nun muss auch Klara lachen. Jetzt mischt sich Onkel Mattis ein. „Und trotzdem war das Fahren mit der Postkutsche ein riesiger Fortschritt und nicht günstig. Vorher musste man entweder reiten oder laufen, was ja auch nicht unbedingt komfortabel ist. Und im 18. und 19. Jahrhundert waren die Straßen dann auch besser ausgebaut. Es gab Linien und Fahrpläne, Anschlüsse und Stationen, an denen man umsteigen konnte. Ähnlich wie heute mit dem Zug oder Bus. Und auch die Kutschen wurden immer komfortabler."

DIE GOTTHARDPOST

„Falls Klara wirklich mal mit einer historischen Postkutsche fahren möchte, geht das über den Gotthardpass in den Schweizer Alpen, soweit ich weiß", wirft Emma ein. Der Onkel nickt. „Ehrlich gesagt, ist das auch mein Traum. Die Gotthardpost ist legendär für mich. 1830 wurde eine Straße über den Gotthardpass in 2106 Meter Höhe eröffnet. Die große Zeit der Gotthardpost begann 1842, als fünfspännige Wagen mit zehn Plätzen, dazu Beiwagen und Gepäckkarren, in beide Richtungen fuhren. Es ging von Deutschland über Österreich und die Schweiz bis nach Italien. Im Winter fuhr man mit Schlitten. Es gab steile Abhänge und Anstiege sowie enge Kurven, das war gefährlich und es gab auch Unglücke. Die Arbeit war so schwer, dass die Postillone, also die Fahrer, zusammen mit den Pferden an den Poststationen gewechselt wurden, pro Fahrt zwölf Mal. Die Fahrt dauerte insgesamt 23 Stunden."

Reisende mit der Gotthardpost

Vor dem Start der Fahrpost überquerten jährlich etwa 15.000 Personen den Pass. 1857 fuhren bereits 29.000 Fahrgäste mit der Post über den Gotthard. Im Rekordjahr 1875 waren es gar 72.000.

Klara macht große Augen. „Woher weißt du das?" „Alles, was mich interessiert, kann ich mir merken. Inzwischen gibt es einen Tunnel, man muss nicht mehr über den Pass und Anfang des 20. Jahrhunderts ist die Zeit der Postkutschen vorbei. Nun gibt es Autos und Eisenbahnen."

DIE GOTTHARDPOST

POSTKUTSCHE

1 *Packkoffer*
2 *Cabriolet*
3 *Berlinenabteil*
4 *Kutschbock*
5 *Vorderes Coupé*

In so einem Coupé-Berline, das zehn bis zwölf Plätze hatte, konnte man früher 50 bis 150 Kilometer zurücklegen.

DER HUFSCHMIED IST DA!

Heute ist es endlich soweit, Klara wird das erste Mal auf einem Pferd sitzen! Voller Vorfreude stürmt sie in den Stall und bleibt abrupt stehen. Der Hufschmied ist da. Interessiert schaut sie ihm bei der Arbeit zu. Mit einer riesigen Raspel bearbeitet er gerade den Huf von Samira. „Tut das nicht weh?“, fragt sie bange. Verdutzt schaut der Mann von seiner Arbeit auf. „Aber nein“, gibt er lachend zur Antwort. „Ich mache nur den Tragerand glatt, damit dann anschließend ein Hufeisen angepasst werden kann.“ „Wozu braucht denn Samira Hufeisen?“, fragt Klara wissbegierig.

PFERDE BRAUCHEN GESUNDE HUFE

Samira geht vor der Kutsche und läuft viel auf Asphalt. Dadurch wird das Hufhorn zu sehr abgenutzt. Das Hufeisen schützt davor. Allerdings wird das Horn nun gar nicht abgerieben und wächst ständig nach. Also muss ich nach einigen Wochen wiederkommen, den Huf kürzen, ausschneiden und dann das Eisen wieder draufsetzen", erklärt der Hufschmied. „Das ist wahrscheinlich nicht so einfach", mutmaßt Klara.
„Das stimmt." Der Hufschmied lächelt sie freundlich an. „Stell dir vor, du musst in Schuhen laufen, die dir nicht passen. Das tut weh und ist bei einem Pferd nicht anders. So ein Hufeisen muss exakt richtig sitzen. Schließlich steht und läuft das Tier Tag und Nacht auf seinen Hufen. Wenn dann etwas nicht in Ordnung ist, wird es schnell krank." „Merkt Samira, wenn das Eisen befestigt wird?" Klara hat gerade den Hammer und die eisernen Hufnägel entdeckt. „Nicht, wenn ich alles richtig mache. Die Nägel müssen hier, entlang der weißen Linie eingeschlagen werden. Das Horn hat keine Nervenzellen, die Huflederhaut unter der Sohle aber schon. Es ist besser, wenn ein Pferd nicht beschlagen werden muss. Beim Beschlag ist immer eine Verletzungsgefahr gegeben.

Huflederhaut

Sie liegt zwischen den Knochen und dem Hufhorn. Die obere Schicht bildet kontinuierlich das schützende Horn. Die Huflederhaut hat viele Nerven und ist daher sehr empfindlich. Wird das Horn zu kurz geschnitten oder abgelaufen, bekommt das Pferd Schmerzen.

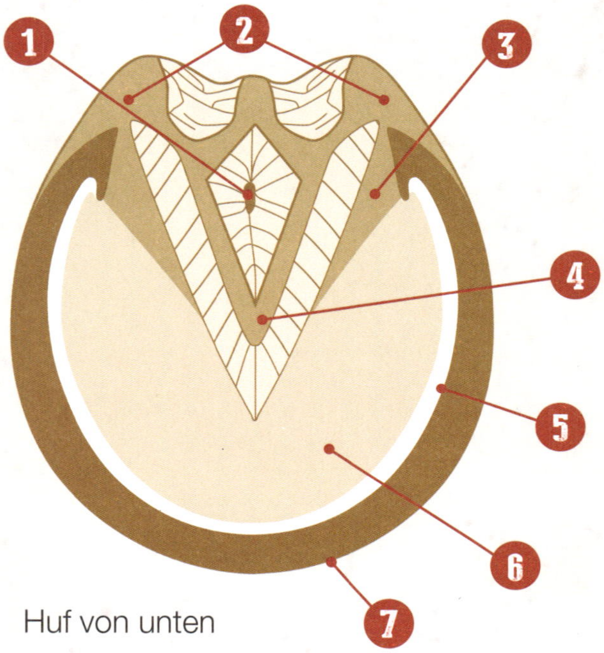

Huf von unten

1 *mittlere Strahlfurche*
2 *Hufballen*
3 *seitliche Strahlfurche*
4 *Strahl*
5 *weiße Linie*
6 *Sohle*
7 *Hufwand*

Werden Hufe nicht regelmäßig ausgeschnitten und gekürzt, entstehen Schnabelhufe. Damit kann ein Pferd nicht mehr richtig laufen.

HIPPOSANDALEN

1 *Pferdebein*
2 *Befestigungsband*
3 *Befestigungshaken*
4 *Hipposandale*
5 *Huf*

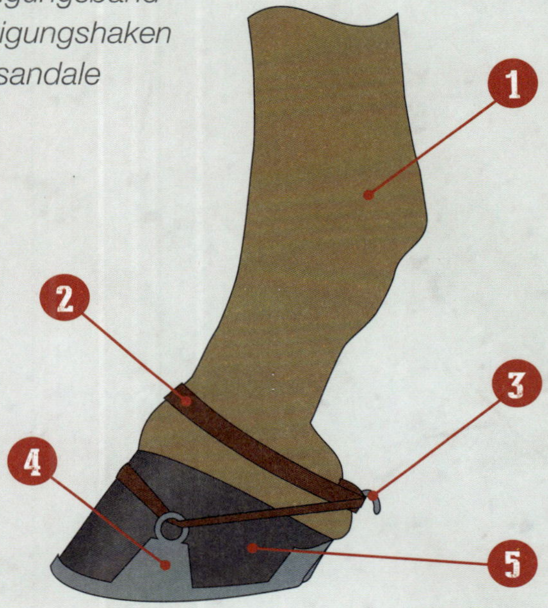

Außerdem dürfen Pferde mit Hufeisen meistens nicht auf die Weide, weil sie beim Treten wiederum andere verletzen können. Halbwilde Pferde brauchen mich nicht, die laufen das Horn immer genau richtig ab. Aber wenn die Hufe zu weit runtergelaufen werden, weil die Pferde zu viel auf hartem Boden gehen, kann das sogar tödlich enden. Bereits in der Antike gab es daher sogenannte ‚Hipposandalen' für Pferde, die eine ähnliche Schutzfunktion wie Hufeisen hatten. Die Römer haben sie erfunden. Wahrscheinlich konnten die Pferde damit aber nicht besonders schnell laufen, weil sie nicht fest saßen."

HUFBESCHLAGS-SCHMIED/IN

Hier dreht sich alles um den gesunden Pferdehuf. Es muss entschieden werden, ob ein Pferd Hufeisen benötigt und wenn ja, aus welchem Material. Hufeisen können aus Stahl, Aluminium oder aus Kunststoff sein. Auch für die Pflege des Hufs, also das regelmäßige Ausschneiden und Kürzen sowie die Beratung bei Hufkrankheiten ist man in diesem Beruf zuständig.

HOLZSCHUHE FÜR PFERDE

Holzschuhe für Pferde, die in sumpfigen Gebieten zur Ernte von Ried eingesetzt wurden (ca. 1900).

JETZT ABER SCHNELL!

Die Reitlehrerin June und Helene betreten den Stall. „Hier bist du", ruft Helene ganz aufgeregt, „wir haben dich schon gesucht. Gleich ist deine erste Stunde!" „Oh, ich hab mich total verquatscht, tut mir leid", antwortet Klara. „Kein Problem", antwortet die Reitlehrerin. „Du bekommst heute Spirit und wir helfen dir, ihn fertig zu machen." Klaras Herz macht einen Freudensprung. „Ich darf wirklich Spirit reiten? Ich dachte, man fängt auf Ponys an", ruft sie begeistert. June muss schmunzeln. „Also mit Ponys ist das manchmal gar nicht so einfach, die können ziemlich frech und dickköpfig sein. Appaloosa hingegen haben einen sehr freundlichen, ausgeglichenen Charakter, ideal für Reitanfängerinnen wie dich." Helene holt Spirit aus dem Stall und gemeinsam putzen sie ihn. Die Freundin zeigt Klara, wie sie die Hufe richtig auskratzt. „Das ist total wichtig, damit nicht kleine Steinchen einwandern und zu einer Entzündung führen." Inzwischen hat June Sattel und Zaumzeug geholt. Sie zeigt Klara, wie sie den Sattel richtig auflegt. „Da musst du sehr sorgfältig sein. Der Sattel muss auf die richtige Position und die Satteldecke glatt aufliegen, damit dein Pferd keine Druckstellen bekommt. Das ist übrigens ein Vielseitigkeitssattel, der für verschiedene Dinge einsetzbar ist. Es gibt sehr unterschiedliche Sättel, je nachdem, wofür sie

VIELSEITIGKEITS-SATTEL

1 *Sattelkranz*
2 *Sattelpolster*
3 *Sitzfläche*
4 *Pausche*
5 *Sattelblatt*
6 *Steigbügel*
7 *Bauchriemen*
8 *Satteldecke*

RENNSATTEL

WESTERNSATTEL

DRESSURSATTEL

Im ‚Damensitz' sitzt die Reiterin seitlich auf dem Pferd, beide Beine hängen zur linken Seite herunter. Die modernen Damensättel mit zwei Hörnern sind sicherer geworden.

gebraucht werden, beispielsweise Dressur, Springen oder Westernreiten. Rennsättel sehen wieder ganz anders aus und müssen besonders leicht sein. Und früher sind beziehungsweise mussten Frauen teilweise im seitlichen Sitz auf Damensätteln reiten." June schüttelt missbilligend ihren Kopf. „Da konnte man leicht runterfallen und sich verletzen."

SATTLER/IN

Sattler/innen verarbeiten Leder und andere Stoffe. Für Pferde fertigen sie beispielsweise Sättel, Zaumzeuge oder Fahrgeschirre. Sie passen auch Sättel ganz individuell an, denn der richtige Sitz ist sehr wichtig. Der Sattel darf nicht scheuern und auch nicht an falschen Stellen Druck auf den Pferderücken ausüben.

DAMENSATTEL

Ursprünglich gab es für den seitlichen Sitz einfach festgezurrte Kissen. Rittlings reiten galt lange Zeit für Frauen als nicht schicklich. Nach und nach wurden Sättel entwickelt, die wenigstens ein wenig Halt gaben. Mit dem Drei-Horn-Sattel vom Ende des 18. Jahrhunderts konnten Frauen schon sicherer reiten. Die Verletzungsgefahr – weniger Halt und beim Sturz mit dem Rock hängenzubleiben – blieb aber bestehen. Mit dem Ende des zweiten Weltkrieges war auch die seitliche Reitweise für Frauen beendet. Erst in jüngster Zeit ist das Damenreiten wieder populärer geworden. Aber natürlich nur freiwillig!

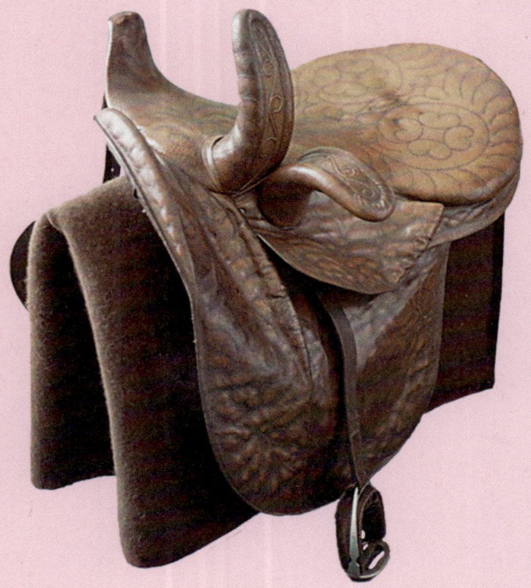

Damensattel (Drei-Horn-Sattel)

Zirkel

Das ist die Bezeichnung für eine Bahnfigur beim Dressurreiten. Es ist ein Kreis, der die Hälfte der Reitbahn ausfüllt. Beim Longieren laufen die Pferde auch in einem Kreis, der in etwa dem eines Zirkels entspricht.

Voltigieren

Dabei werden Turnübungen auf dem Pferderücken gemacht. Festhalten und aufs Pferd hochziehen kann man sich am Voltigiergurt, der zwei Griffe hat. Voltigieren ist gut zum Einstieg ins Reiten geeignet, weil es Gleichgewicht und den Sitz auf dem Pferd schult.

DIE ERSTE REITSTUNDE

Klaras erste Reitstunde findet an der Longe statt. June zeigt ihr, wie sie richtig aufsteigt. Spirit steht ganz ruhig und Klara lobt ihn, als sie endlich im Sattel sitzt. Und los geht's im Schritt. Klara ist ziemlich aufgeregt, auf einem Pferd sitzt man ganz schön hoch oben! Auf dem Nachbarzirkel wird auch ein Pferd longiert und Kinder springen nacheinander aufs galoppierende Pferd und vollführen Kunststücke auf dem bloßen Pferderücken. Klara kann es gar nicht fassen, sie findet es schon im Schritt auf einem Sattel ziemlich wackelig. „Was machen die Kinder dort drüben?", fragt sie June. „Oh, das ist unsere Voltigiergruppe, sieht ziemlich waghalsig aus, oder?" June muss über Klaras Gesichtsausdruck lachen.

REITEN WILL GELERNT SEIN!

Und jetzt wirst du selbst ein paar Übungen machen", fährt June fort. „Als Erstes schlagen wir die Steigbügel über. Damit du ein Gefühl für die Bewegung im Schritt bekommst." Klara legt die Steigbügel über den Hals des Pferdes – jetzt hat sie noch weniger Halt! „Versuche jetzt, möglichst mit geradem Rücken zu sitzen, Kopf hoch und Beine lang mit den Hacken nach unten. Der richtige Sitz ist fürs Reiten ganz entscheidend. Spirit spürt ja dein Gewicht ganz deutlich und bemerkt jede kleinste Bewegung von dir. Du sollst einerseits ihn nicht beim Laufen behindern und andererseits kannst du ihm mit deinem Körper mitteilen, was du von ihm willst. Das ist das, was du nach und nach in den Reitstunden lernst."

Klara versucht, alles zu befolgen und spürt bald jeden Schritt von Spirit. „Das machst du prima und jetzt beide Arme zur Seite ausstrecken." Klara streckt die Arme aus und fängt an zu kippeln. Sofort hält Spirit an. „Du bist so ein feines Pferd, Spirit", lobt ihn die Reitlehrerin. „Siehst du, er hat sofort gemerkt, dass du aus dem Gleichgewicht gekommen bist."

Nach einer halben Stunde geht es schon deutlich besser und Klara fühlt sich immer wohler auf Spirit. „So, Klara, im Schritt klappt das schon so gut, jetzt darfst du tölten." Verwundert schaut Klara die Reitlehrerin an.

Der richtige Sitz ist wichtig. Dein Pferd merkt jede kleinste Bewegung von dir.

1 *Rücken*
2 *Sitz*
3 *Schenkel*
4 *Knie*
5 *Ferse*

GANGART: SCHRITT

Im Schritt setzt das Pferd gleichmäßig die Hufe nacheinander auf, es ist ein Viertakt. Es sind immer entweder zwei oder drei Beine auf dem Boden. Dadurch ist es eine gleichmäßige Gangart ohne Schwebephase. Pferde können im Schritt viele Kilometer am Stück laufen.

Tölt

Tölt ist ein Viertakt, wie der Schritt. Aber im Gegensatz dazu sind abwechselnd nur ein Bein oder zwei Beine auf dem Boden. Eine Schwebephase wie beim Trab oder Galopp gibt es nicht, das Pferd läuft. Das Tempo kann ganz unterschiedlich sein, fast so langsam wie der Schritt bis so schnell wie ein Galopp. Die Veranlagung zum Tölten kann bei Pferden unterschiedlich ausgeprägt sein, einige beherrschen es mühelos und anderen fällt es schwerer.

Gangpferde

Die Mutation eines Gens führt zur Gangart Tölt. Das mutierte Gen trat wahrscheinlich erstmals in England auf. Die Wikinger brachten diese Pferde im 9. Jahrhundert als Kriegsbeute mit nach Island. Dort wurden dann ganz gezielt sogenannte ‚Gangpferde' gezüchtet. Die Islandpferde tölten alle.

„Tölten? Ich dachte es gibt nur Schritt, Trab und Galopp?" „Die meisten Pferde können nur diese drei Gangarten. Tatsächlich gibt es aber noch weitere, beispielsweise Pass und Tölt. Beim Tölt kann man auch bei hohen Geschwindigkeiten noch ganz bequem sitzen. Deshalb sind töltende Pferde sehr beliebt, es gibt nämlich nur einige Rassen, die diese Gangart beherrschen. Und du hast Glück, Spirit ist ein Appaloosa und die können das, genauso wie Isländer, Berber, Pasos oder auch einige Traber. Töltende Pferde wurden im Mittelalter übrigens Zelter genannt und von adligen Frauen im Damensitz geritten."

PFERDE VERÄNDERN DIE WELT

Heute ist Klara zum ersten Mal bei Paul zu Besuch. Unauffällig sieht sie sich in seinem Zimmer um und ihr Blick bleibt an einem großen Poster hängen. Darauf ist eine Gruppe bewaffneter Reiter in merkwürdigen Uniformen zu sehen. Die Männer machen ihr ein bisschen Angst. „Was ist das für ein merkwürdiges Poster, Paul?", fragt sie ihren Freund. „Das sieht irgendwie gruslig aus, als würden die in die Schlacht ziehen oder so. Für die Pferde war das bestimmt auch nicht so toll." Paul nickt verständnisvoll. „Ja, da hast du natürlich recht. Eine lange Zeit hat man Pferde für alles Mögliche genutzt. Leider auch in furchtbaren Kriegen. Viele tausend Jahre lang waren Pferde das einzige Mittel für den Menschen, um schneller als zu Fuß zu sein. Ich würde mal sagen, dass Pferde die Welt komplett verändert haben."

ASIEN

„Hm, Pferde waren sicher wichtiger als heute, aber das ist übertrieben, oder?“, fragt Klara ihren Freund. „Also, wenn du willst, könnte ich dir einiges über die Bedeutung der Pferde erzählen. Das interessiert mich nämlich. Vielleicht fangen wir am besten in Asien an.“ Paul geht an seinen Computer und zeigt Klara einige Bilder. „Irgendwann haben die Menschen in der asiatischen Steppe entdeckt, dass man Pferde nicht nur essen, sondern auch zähmen und auf ihnen reiten kann. Und dass man sich so sehr viel besser fortbewegen kann. Es haben sich richtige Reitervölker wie die Mongolen, die Hunnen und die Kitan entwickelt. Die lebten nomadisch, also zogen mit ihren Viehherden herum, von Weidegrund zu Weidegrund. Mit Pferden konnte man auch viel größere Gruppen von Tieren hüten. Beim Umherziehen traf man immer wieder auf sesshafte Völker und Stämme und es kam zu Auseinandersetzungen. Die nomadische Lebensweise reichte oft nicht für den eigenen Lebensunterhalt. Daher überfiel man andere Stämme oder erpresste sie. Mit der Erfindung des Steigbügels konnten Krieger beim Reiten sogar Waffen benutzen, weil sie sich mit den Händen nicht mehr festhalten mussten. Die berühmten berittenen Bogenschützen der Reitervölker schossen ihre Pfeile aus großer Entfernung ab und waren dadurch kaum zu besiegen.“

REITERVÖLKER

Unter der Bezeichnung der Reitervölker, wie Hunnen oder Mongolen, werden verschiedene Stämme zusammengefasst, die ähnlichen Sprachfamilien angehörten.

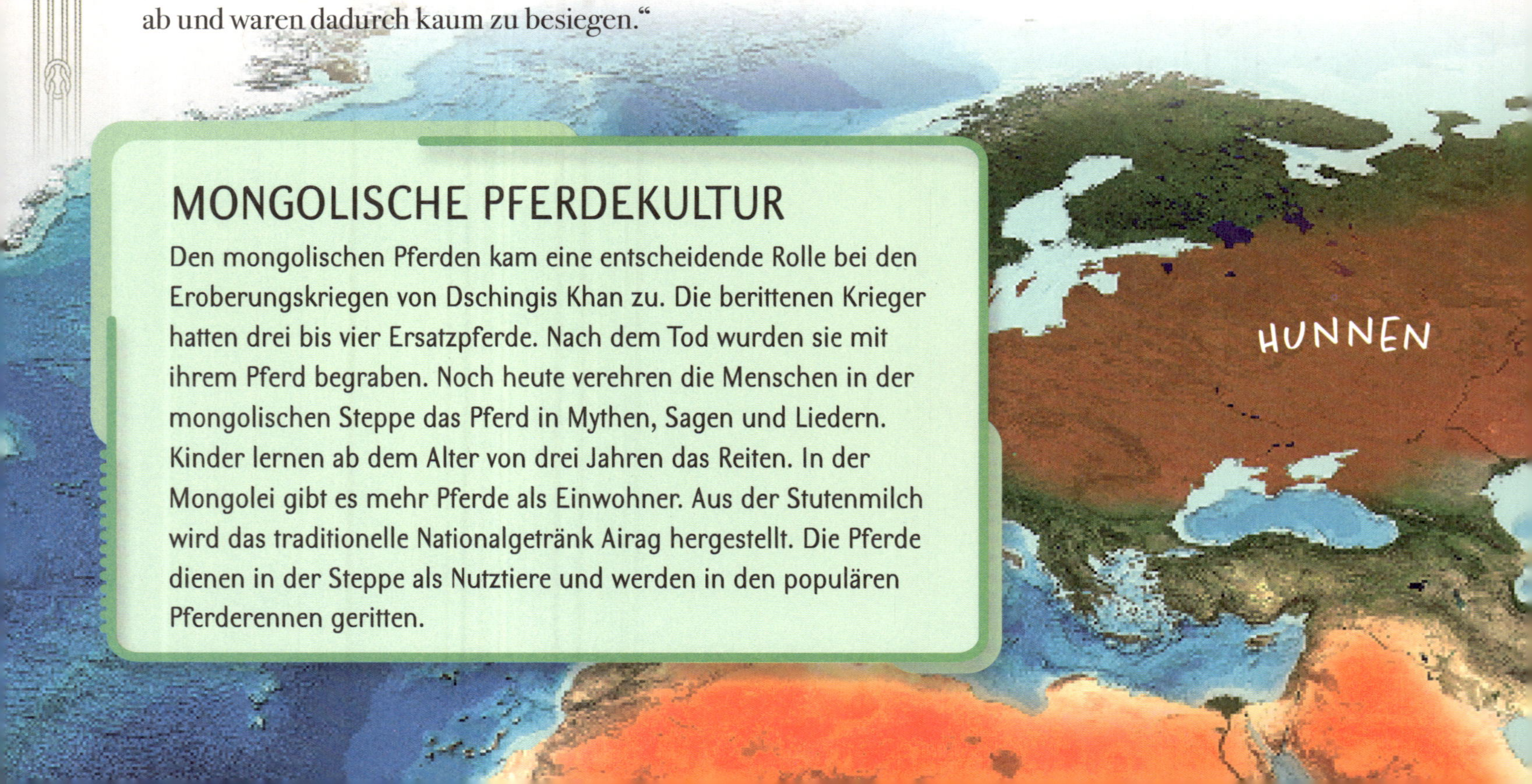

MONGOLISCHE PFERDEKULTUR

Den mongolischen Pferden kam eine entscheidende Rolle bei den Eroberungskriegen von Dschingis Khan zu. Die berittenen Krieger hatten drei bis vier Ersatzpferde. Nach dem Tod wurden sie mit ihrem Pferd begraben. Noch heute verehren die Menschen in der mongolischen Steppe das Pferd in Mythen, Sagen und Liedern. Kinder lernen ab dem Alter von drei Jahren das Reiten. In der Mongolei gibt es mehr Pferde als Einwohner. Aus der Stutenmilch wird das traditionelle Nationalgetränk Airag hergestellt. Die Pferde dienen in der Steppe als Nutztiere und werden in den populären Pferderennen geritten.

Pferdekopfgeige

Die mongolische Pferdekopfgeige hat nur zwei Saiten. Diese Seiten bestehen allerdings aus über 100 Schweifhaaren, die nicht miteinander verwoben oder anderweitig verbunden sind.

Kitanische Reiter auf der Jagd

„Dschingis Khan, das war doch so ein kriegerischer Anführer?“ Klara sieht Paul fragend an. Der nickt. „Ja, er vereinte die mongolischen Stämme im 13. Jahrhundert und schuf mit seinen Reiterarmeen ein riesiges Reich. Es gab sogar ein funktionierendes Postsystem, Nachrichten wurden auf Pferderücken transportiert und man hatte Stationen zum Pferdewechsel. Und ohne Pferde wäre das alles nie möglich gewesen.“

Seit wann reiten Menschen?

Damit beschäftigt sich die Forschung. Es wurden Skelette untersucht und man hat herausgefunden, dass es bereits vor 4.500 bis 5.000 Jahren Reiter gegeben hat. Und zwar bei Menschen der Jamnaja-Kultur, die im heutigen Gebiet von Bulgarien, Rumänien, Serbien und Ungarn lebten. Den Forschern nach begann die intensive Pferdezucht schon vor ungefähr 4.000 Jahren.

AMERIKA

Die Spanier haben die Pferde mit nach Amerika gebracht, das weiß ich schon“, berichtet Klara stolz. „Nicht schlecht“, Paul nickt zustimmend. „Die amerikanischen Ureinwohner in Nordamerika führten auch überwiegend ein Nomadenleben. Sie nutzten für den Umzug das Pferd vor allem als Lastenträger mit sogenannten Schleppstangen. Vorher wurden dafür Hunde genutzt, daher findet sich in der Sprache verschiedener Stämme der Ureinwohner der Begriff des ‚Sacred Dog‘ für ein Pferd, was je nach Übersetzung ‚großer Hund‘, ‚Zauberhund‘ oder ‚Bisonhund‘ bedeutet. Auch zur Jagd wurden Pferde genutzt. Es gab wohl extra zu diesem Zweck ausgebildete Tiere, sogenannte Büffel-Pferde. Als dann zum Jagen Gewehre statt Pfeil und Bogen genutzt werden konnten, hat das allerdings auch den Bestand der Bisons gefährdet.“

„Den amerikanischen Ureinwohnern waren die Pferde ähnlich wichtig wie den Mongolen, oder?“, so langsam findet Klara das Thema immer interessanter. Paul nickt. „Auf jeden Fall und ihr Reitstil war wohl ganz besonders. Sie kamen fast ohne Hilfsmittel wie Steigbügel oder Sättel aus und ritten sehr waghalsig. Die Geschichte des Pferdes als unentbehrlicher Helfer und Gefährte des Menschen ist in Nordamerika allerdings wesentlich kürzer als in Asien. Erst kamen die Siedler, danach die Technik. Grundsätzlich verloren weltweit die Pferde mit der Erfindung der Dampfmaschine und der Verbreitung der Eisenbahnen im 19. Jahrhundert schnell an Bedeutung.“

Mapuche

Viele der Mapuche-Stämme (*mapu*=Erde, *che*=Stamm) in Südamerika werden in zahlreiche Kämpfe mit den spanischen Eroberern verwickelt. Sie erleiden hohe Verluste, können aber nicht besiegt werden, auch dank ihrer Reitkunst.

1. *Blackfoot*
2. *Sioux*
3. *Irokesen*
4. *Kiowa*
5. *Cheyenne*
6. *Bah-kho-je*
7. *Apachen*
8. *Pawnee*
9. *Comanchen*
10. *Mapuche*

CHEYENNE

Die Cheyenne nutzten Pferde für die Jagd und als Zugtiere für Stangenschleifen.

Die Mapuche konnten, dank der Pferde, von den spanischen Eindringlingen nicht besiegt werden. 1641 gab es sogar eine unabhänige Mapuche-Nation.

MAPUCHE

DIE REITKULTUR DER AMERIKANISCHEN UREINWOHNER

Es existieren viele Mythen über die Ureinwohner und ihre Pferde, beispielsweise der des ‚Pferdeflüsterers'. Im Nachhinein lässt sich schwer sagen, was davon wirklich den Tatsachen entsprach. Ein einheitliches Bild entsteht nicht. Einerseits waren es akrobatische Reiter, deren Reitkunst ans Voltigieren erinnert. Einige Stämme fütterten die Tiere im Winter und ließen sie in Zelten schlafen. Pferde wurden trainiert, verehrt und hatten einen Wert für ihre Besitzer. Andererseits war das Pferd auch Nahrungsmittel, Lastentier oder Tauschobjekt. Es gibt auch Berichte, dass die Pferde nicht immer mit Respekt behandelt wurden, sondern beispielsweise der Wille der Mustangs beim Einreiten gebrochen wurde.

ARABISCHE HALBINSEL

Paul zeigt Klara ein vergilbtes Bild. „Weißt du, was das für eine Pferderasse ist?“ Klara verdreht die Augen. „Natürlich, das ist ein Araber, ich bin doch nicht blöd!“ Paul grinst. „Dieses Bild ist schon sehr alt, woran hast du das erkannt?“ „Na, Araber sehen eben typisch aus, mit dem geschwungenen Hals, dem hoch erhobenen Schweif, dieser besonderen Kopfform und dem zierlichen, eleganten Körper“, antwortet Klara. „Ganz genau und das ist bereits seit Jahrtausenden so. Es gibt Höhlenmalereien von der Arabischen Halbinsel, etwa 2.700 Jahre alt, auf denen man bereits die typischen Merkmale des Arabischen Vollbluts erkennen kann. Die Beduinen haben es ursprünglich gezüchtet.

ARABERPFERD

Viele Völker auf der arabischen Halbinsel und in Nordafrika haben Pferde gezüchtet.

Hoch erhobener Schweif

Das Arabische Vollblut hat nur 15 Schweifwirbel im Gegensatz zu anderen Pferden, die 16–18 haben. Kein Wunder, dass sie den Schweif daher so hoch tragen können! Sie haben auch jeweils eine Rippe und einen Lendenwirbel weniger.

Sie achteten dabei auf die Reinheit der Zuchtlinie, das macht man heute noch so. Der Stammbaum eines Pferdes wurde mündlich über Generationen weitergegeben." „Aha", Klara zieht nachdenklich ihre Stirn in Falten, „Beduinen waren doch auch Nomaden. Da hätte ich gedacht, dass sie mit Dromedaren oder so durch die Wüste ziehen. Pferde brauchen doch ständig Wasser und Futter." „Das stimmt, als Lastentiere wurden die Araber nicht verwendet. Sie dienten zur Jagd und für kriegerische Auseinandersetzungen. Araber sind extrem schnell, ausdauernd und wendig, dazu noch genügsam. Außerdem geben die Stuten Milch. Sie waren für die Beduinen sehr wertvoll und fanden sogar in vielen Gedichten Erwähnung. Die Pferde in Arabien wurden sehr gut und respektvoll behandelt, es waren richtige Familienmitglieder. Sie durften sogar mit in die Zelte der Beduinen!" „Das gefällt mir", Klara strahlt, „wahrscheinlich mögen sie daher die Menschen." „Auf jeden Fall, Araber gelten zwar als temperamentvoll und mutig, aber auch als sanft und ihren Besitzern sehr zugetan. Ich hätte zu gerne einen Araber", sagt Paul sehnsuchtsvoll.

Berberpferde

Die Kolonialherren bezeichneten früher die indigenen Völker Nordafrikas als Berber. Die Völker selber nennen sich Amazigh. Sie züchteten die Pferde, die bis heute Berber genannt werden. Sie sind eine der ältesten Pferderassen der Welt. Heute gibt es weltweit nur noch wenige reinrassige Berberpferde.

Für Transporte durch die Wüste haben die Beduinen Trampeltiere und Dromedare bevorzugt.

KLARA UND SPIRIT

Mit klopfendem Herzen steht Klara am Reitplatz. Heute darf sie das erste Mal galoppieren! Welches Pferd ihr wohl die Reitlehrerin geben wird? June erteilt gerade der Gruppe vor ihr Reitunterricht. Freundlich begrüßt sie ihre Schülerin. „Hi Klara, du darfst heute wieder Spirit nehmen. Schau mal, er wird gerade geritten. Und dann habe ich noch eine Neuigkeit für dich. Wir suchen für Spirit eine Reitbeteiligung. Er ist sensibel und sehr menschenbezogen, dann hätte er nicht zu viele unterschiedliche Reiter. Es gibt schon mehrere Interessenten, aber ich weiß, wie gerne du ihn hast.“ Klaras Augen fangen an zu strahlen. „Das wäre wirklich fantastisch!“

DER ERSTE GALOPP

Klara übernimmt Spirit von ihrer Vorreiterin. Aufmerksam lauscht sie der Reitlehrerin, wie man die Galopphilfen geben muss. Inzwischen kann Klara einem Pferd mit ihrem Gewicht, den Schenkeln und den Zügeln mitteilen, was sie von ihm möchte. Mit Spirit klappt das sogar schon richtig gut. Er scheint sie meistens zu verstehen. Und auch sie bildet sich ein, ein Gefühl für Spirit bekommen zu haben. „Und jetzt aus der Ecke angaloppieren, Klara", ertönt da Junes Stimme. Klara konzentriert sich ganz auf Spirit und die richtigen Hilfen und schon fällt er in einen wunderbaren, schwungvollen Galopp. Klara ist selig, was für ein Gefühl! Zwei Runden darf sie so dahinschweben und weiß, dass das ab jetzt ihre Lieblingsgangart ist. „Gut gemacht Klara", lobt sie die Reitlehrerin, „als hättet ihr nie etwas anderes gemacht!"

Wenn Pferde mit einem Reiter steigen, besteht die Gefahr, dass sie sich nach hinten überschlagen. Manche Reiter bringen ihren Pferden allerdings auch das Steigen auf Kommando bei.

GANGART: GALOPP

Galopp ist die schnellste Gangart eines Pferdes, die sich beim Reiten trotzdem weich und gleichmäßig anfühlt. Es ist ein Dreitakt. Das Pferd hat ein oder zwei Beine auf dem Boden und es gibt auch eine Schwebephase, bei der kein Bein den Boden berührt.

Klara pariert Spirit zum Schritt durch. Anschließend streichelt sie ihm lobend den Hals. Dann wird sie vom Pony Sparky abgelenkt, es hat heute schon ein paar Mal gebuckelt. Jetzt soll es angaloppieren und fängt an zu steigen. Mona, seine Reiterin, wird ganz wütend. Sie boxt ihm die Hacken in die Flanken und brüllt ihn an. „Hör sofort auf damit!", ruft June streng. Sie geht zu den beiden und streicht Sparky beruhigend über den Hals. „Das ist doch überhaupt nicht seine Art, das macht er sonst nie. Irgendetwas stimmt nicht." Sie lässt Mona absteigen und überprüft den Sattel. „Schau hier, Mona. Die Satteldecke lag nicht gerade und hat stark gescheuert, das hat ihm wehgetan. Die Stunde ist für dich beendet." Das muss Klara sich merken, Buckeln und Steigen können also bedeuten, dass ein Pferd Schmerzen hat. Und ihr ist heute bei Spirit nach dem Galopp auch etwas aufgefallen. Er legt immer wieder die Ohren an und hat oft das Maul offen, sodass sie seine Zähne sehen kann. Er mag gar nicht mehr vorwärts gehen, sie muss ihn ständig treiben. Als sie ihn schließlich vom Platz führt, lässt er müde seinen Kopf hängen.

Reithilfen

Diese dienen der Verständigung mit dem Pferd beim Reiten, also in welche Richtung und welches Tempo es gehen soll. Es werden Gewichtshilfen, Schenkelhilfen und Zügelhilfen unterschieden. Richtig angewendet versteht dein Pferd, was du von ihm willst.

ANZEICHEN VON SCHMERZEN BEI PFERDEN

Die britische Forscherin und Tierärztin Dr. Sue Dyson hat in einer Studie nachgewiesen, dass man an bestimmten Anzeichen erkennen kann, wenn Pferde beim Reiten Schmerzen haben. Sie hat 24 Verhaltensweisen identifiziert, die ein Hinweis darauf sein können. Zeigt ein Pferd acht oder mehr davon, ist die Wahrscheinlichkeit groß, dass eine Erkrankung vorliegt. Zu den Anzeichen gehören unter anderem: Ausschlagen, Steigen, mit dem Schweif schlagen oder ihn zu einer Seite halten, immer wieder die Ohren anlegen, Zunge zeigen, intensives Starren, geöffnetes Maul oder nur zögernd vorwärts gehen. Beim Reiten sollte besonders auf Veränderungen im Verhalten des Pferdes geachtet werden.

DER TIERARZT KOMMT

Vielleicht ist er heute zu viel geritten worden, wundert sich Klara und sattelt Spirit ab. Ihr fallen sofort schorfige Stellen in den Fesselbeugen der Vorderbeine auf, die Spirit weh tun. Beim Hufe Auskratzen zieht er immer wieder das Bein weg, was er sonst nie tut. Klara ruft Paul zu Hilfe, der gerade sein Pferd putzt. Paul hebt ein Vorderbein von Spirit und schaut sich die Stellen genau an. Er macht ein besorgtes Gesicht. „Es sieht verdächtig nach Mauke aus, Klara, und das ist nicht gut. Das musst du June zeigen."
Die Reitlehrerin bestätigt Pauls Verdacht und informiert den Tierarzt. Klara wartet solange bei Spirit. Als der Arzt kommt, untersucht er Spirit. Anschließend soll Klara das Pferd im Schritt und im Trab führen.

MAUKE

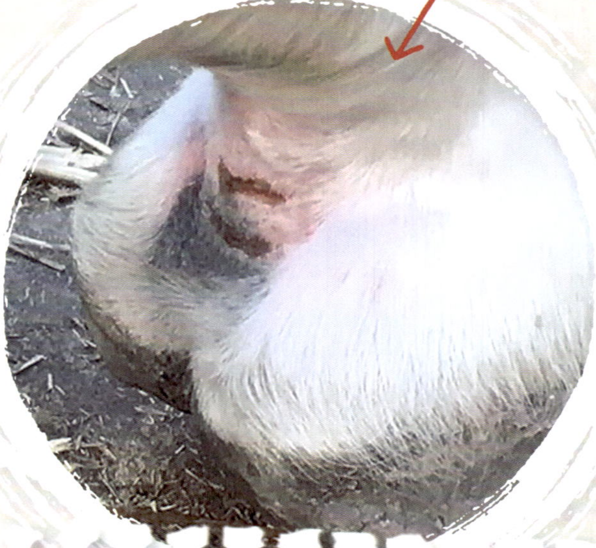

Mauke

Grundsätzlich ist zu viel Feuchtigkeit weder für die Hufe noch die Fesselgelenke gut. Beispielsweise wenn Pferde über einen längeren Zeitraum im Matsch stehen oder in einer schlecht ausgemisteten Box. Auch die richtige Fütterung ist wichtig. Pferde sollten Kraftfutter nur ihrem Bedarf entsprechend erhalten, dafür aber genügend Mineralstoffe und Spurenelemente. Zinkmangel begünstigt wohl das Entstehen von Mauke. Pferde mit Fesselbehang oder mit weißen Fesseln sind häufiger davon betroffen.

TIERÄRZTIN

TIERARZT/TIERÄRZTIN

In diesem Beruf dreht sich alles um die Gesundheit von Tieren. Es gibt auch Tierärzte und Tierärztinnen, die sich auf eine Tierart spezialisieren, beispielsweise auf Pferde. Diese fahren dann meist zu den Pferdehöfen, wenn sie gerufen werden. Sie behandeln Pferde, die zum Beispiel lahmen oder eine Kolik haben. Sie impfen auch zur Vorbeugung oder schauen, ob die Zähne gesund sind.

Kolik

Eine Kolik betrifft meist den langen und empfindlichen Darm des Pferdes. Die zu sich genommene Nahrung ist dann dem Pferd aus verschiedenen Gründen nicht bekommen: Diese bläht im Darm oder noch schlimmer: verstopft den Darm, was zu starken Schmerzen führt. Der Tierarzt verabreicht meist ein krampflösendes Medikament. Koliken können lebensgefährlich werden.

Schließlich sagt der Tierarzt: „Okay, das reicht. Spirit lahmt auch leicht. Wie ihr richtig vermutet habt, ist es Mauke.“ „Was ist das überhaupt?“, erkundigt sich Klara. „Das ist eine bakterielle Entzündung der Haut, auch Fesselekzem genannt. Diese Krankheit tritt häufig im Herbst auf. Die Koppeln sind oft nass und matschig, was für die Haut an den Fesseln gar nicht gut ist. Sie kann weich und rissig werden, der Schutzschild der Haut geht dann verloren und Bakterien können so leichter eindringen. Aber auch Stress und falsches Futter können dazu beitragen.“ „Was müssen wir jetzt tun?“, fragt June den Arzt. „Die Fesseln müssen sorgfältig sauber und trocken gehalten werden. Ich lasse eine Salbe da, die täglich aufgetragen werden muss. Spirit braucht leichte Bewegung, aber keine Belastung.“ „Ohje, das wird nicht leicht“, June seufzt schwer. „Ich kann helfen“, sagt Klara schnell.
Ab jetzt kommt Klara jeden Tag auf den Pferdehof, um Spirit zu pflegen.

EIN PFERD WIRD OPERIERT

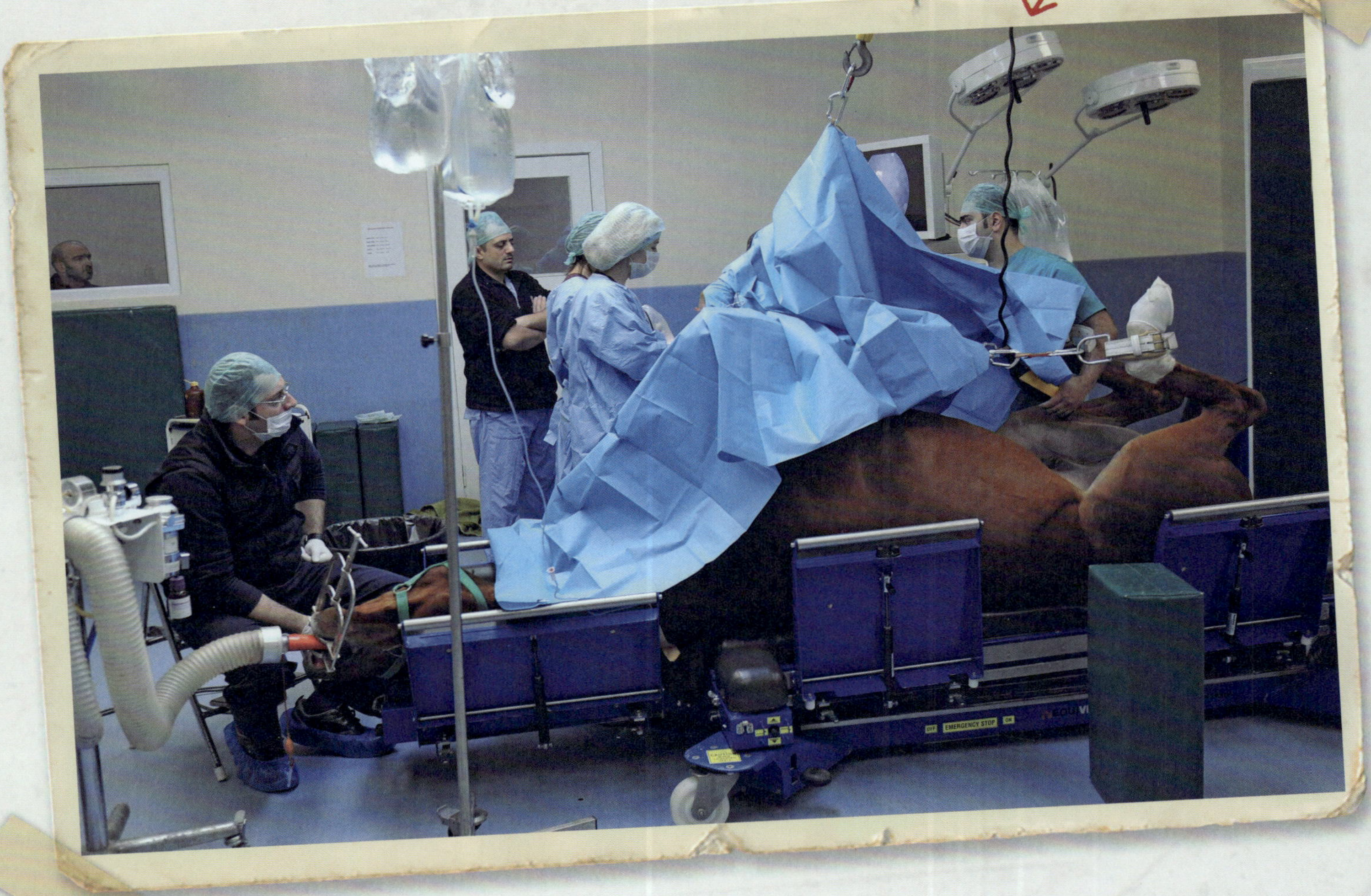

DAS GLÜCK DIESER ERDE ...

Klara beeilt sich, nach der Schule so schnell wie möglich in den Stall zu kommen. Heute kommt der Tierarzt, um nach Spirit zu schauen. Als sie den Stall betritt, wiehert Spirit leise. Klaras Herz macht einen Freudenhüpfer, so hat er sie noch nie begrüßt! Spirit streckt ihr seinen Kopf entgegen und Klara legt ihre Stirn an seine. Ein warmes Glücksgefühl durchströmt sie.

Nach der Untersuchung ist der Tierarzt sehr zufrieden und klopft Klara lobend auf die Schulter. „Das hast du wirklich gut gemacht. Die Mauke ist fast vollständig ausgeheilt und das ist wohl dein Verdienst. Er darf jetzt wieder geritten werden." Auch die Reitlehrerin ist froh, dass Spirit wieder gesund ist. „Du warst eine große Unterstützung für mich, Klara", sagt June.

Pferde-Gedächtnis

Pferde können sich an Gesichter erinnern. Sie erkennen eine Bezugsperson sogar auf Fotos wieder, selbst wenn sie diese lange vorher nicht mehr gesehen haben. Aber auch am Geruch, an der Stimme oder dem Klang der Schritte werden die Bezugspersonen erkannt.

„Jeden Tag bist du gekommen, nicht um zu reiten, sondern um dich um Spirit zu kümmern. Ich habe darüber nachgedacht und denke, dass du genau die Richtige für die Reitbeteiligung bist. Ab jetzt ist Spirit dein Pflegepferd und in den Reitstunden darfst du ihn immer reiten. Am besten fängst du gleich an, ihn ein paar Runden im Schritt zu bewegen, damit er sich wieder daran gewöhnt."

Was für ein Tag! Aufgeregt steigt Klara auf Spirit. Paul sieht ihr strahlend zu, er freut sich so für Klara. Spirit ist nervös und tänzelt ein bisschen, schließlich ist er lange nicht mehr geritten worden. Aber Klara schafft es immer wieder, ihn zu beruhigen und spricht leise mit ihm. „Heute ist der schönste Tag meines Lebens", erklärt sie ihrem Traumpferd glücklich.

PFLEGEPFERD UND REITBETEILIGUNG

Bei einem Pflegepferd bist du für die Pflege mitverantwortlich, das kann vom Putzen, über Spazierengehen bis Box ausmisten alles bedeuten. Es ist also ratsam, mit dem Pferdebesitzer vorab zu klären, was deine Aufgaben sind und ob du damit einverstanden bist. Bei einer Reitbeteiligung hingegen darfst du das Pferd auch reiten. Meistens ist damit die Zahlung eines festgelegten monatlichen Betrags verbunden. Hier empfiehlt es sich, einen Vertrag abzuschließen. In dem sind deine Rechte, was du mit dem Pferd tun darfst, und auch deine Pflichten, zum Beispiel Paddock sauber halten, festgehalten.

DIE SPRACHE DER PFERDE

Endlich wieder Ferien! Fröhlich läuft Klara zu Paul, mit dem sie sich auf dem Pferdehof verabredet hat. Pauls Gesicht sieht angespannt aus, er unterhält sich gerade mit der Reitlehrerin. „Was ist los?", fragt Klara verunsichert.
June erklärt: „In einer Woche findet der Kurs ‚Die Sprache der Pferde' statt, für den du dich angemeldet hast. Nun hat mir gerade meine Freundin abgesagt, die mich dabei unterstützen wollte. Ich muss auch noch Reitunterricht geben und habe nicht so viel Zeit. Da dachte ich, dass Paul helfen könnte. Er hat den Kurs bereits besucht und kennt sich super mit Pferden aus."
Sie lächelt den Jungen aufmunternd an.
„Ich kann das nicht", sagt Paul düster. „Was? Warum denn nicht, natürlich kannst du das!", ruft Klara fast schon empört. Paul schüttelt nur den Kopf.

KOPF UND OHREN

Da stemmt Klara ihre Arme in die Hüften und schaut ihm in die Augen. „Doch Paul, du kannst das und das weißt du auch. Und ich werde dir helfen, den Kurs vorzubereiten. Du bringst mir einfach vorher die Sachen bei und kannst dabei überlegen, wie du das am besten machst." Paul zögert einen Moment, dann nickt er. „Okay, ich bin dabei." Klara und June strahlen um die Wette. „Und nun schnapp dir einen Block und einen Stift und dann geht's zur Verhaltensbeobachtung auf die Koppel", sagt Paul augenzwinkernd.

Kurze Zeit später stehen die Freunde an der Koppel, auf der Spirit mit seiner Gruppe steht. Nacheinander zeigt Paul auf verschiedene Pferde und Klara muss ihren Gesichtsausdruck und die Körperhaltung deuten. Weil sie gut zeichnen kann, fertigt Klara kleine Skizzen an und notiert Pauls Erläuterungen.

„Schau dir Spirit an, was meinst du, wie es ihm geht?", fragt Paul jetzt. „Hm", Klara überlegt kurz, „er lässt den Kopf irgendwie hängen, vielleicht geht es ihm nicht gut?", fragt sie unsicher. Paul lacht. „Nein, keine Sorge. Gesenkter Kopf, hängende Unterlippe, Ohren stehen seitlich und ein Bein angewinkelt – dein Spirit döst einfach."

Spirit stellt auf einmal die Ohren auf und der Kopf fährt hoch, er wiehert leise und blubbernd. „Und schau, jetzt hat er mitbekommen, dass du da bist, wahrscheinlich hat er deine Stimme gehört.

Die Ohren sind aufgerichtet und zu dir gestellt, das bedeutet Aufmerksamkeit." „Und er hat mich begrüßt", erklärt Klara glücklich. Spirit kommt an den Zaun und sie steckt ihm ein Stück Möhre zu. Sofort springt der Rappe Balou auf Spirit zu und legt die Ohren an.

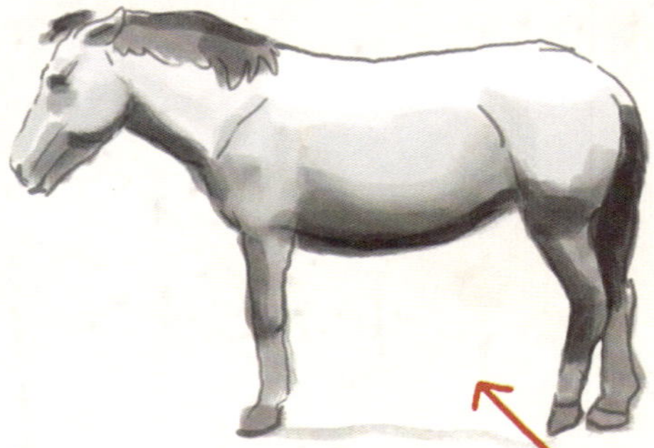

Pferdesprache

Die Sprache der Pferde ist eine leise Sprache. Sie bringen viele Gefühle mit ihrer Körperhaltung zum Ausdruck. Daher muss man ein Pferd gut beobachten, um zu wissen, wie es ihm geht.

Spirit weicht seitlich aus. „Hey, lass das!“, ruft Klara sauer. Paul schüttelt den Kopf. „Nein Klara, das war dein Fehler. Pferde auf der Koppel bekommen keine Leckereien. Dann wollen die anderen natürlich auch etwas haben. Balou steht im Rang über Spirit, das war eben deutlich zu sehen. Er hat durch seine Körpersprache Spirit zu verstehen gegeben, dass er verschwinden soll. Und er ist der Aufforderung gefolgt.“

AUS KLARAS NOTIZHEFT

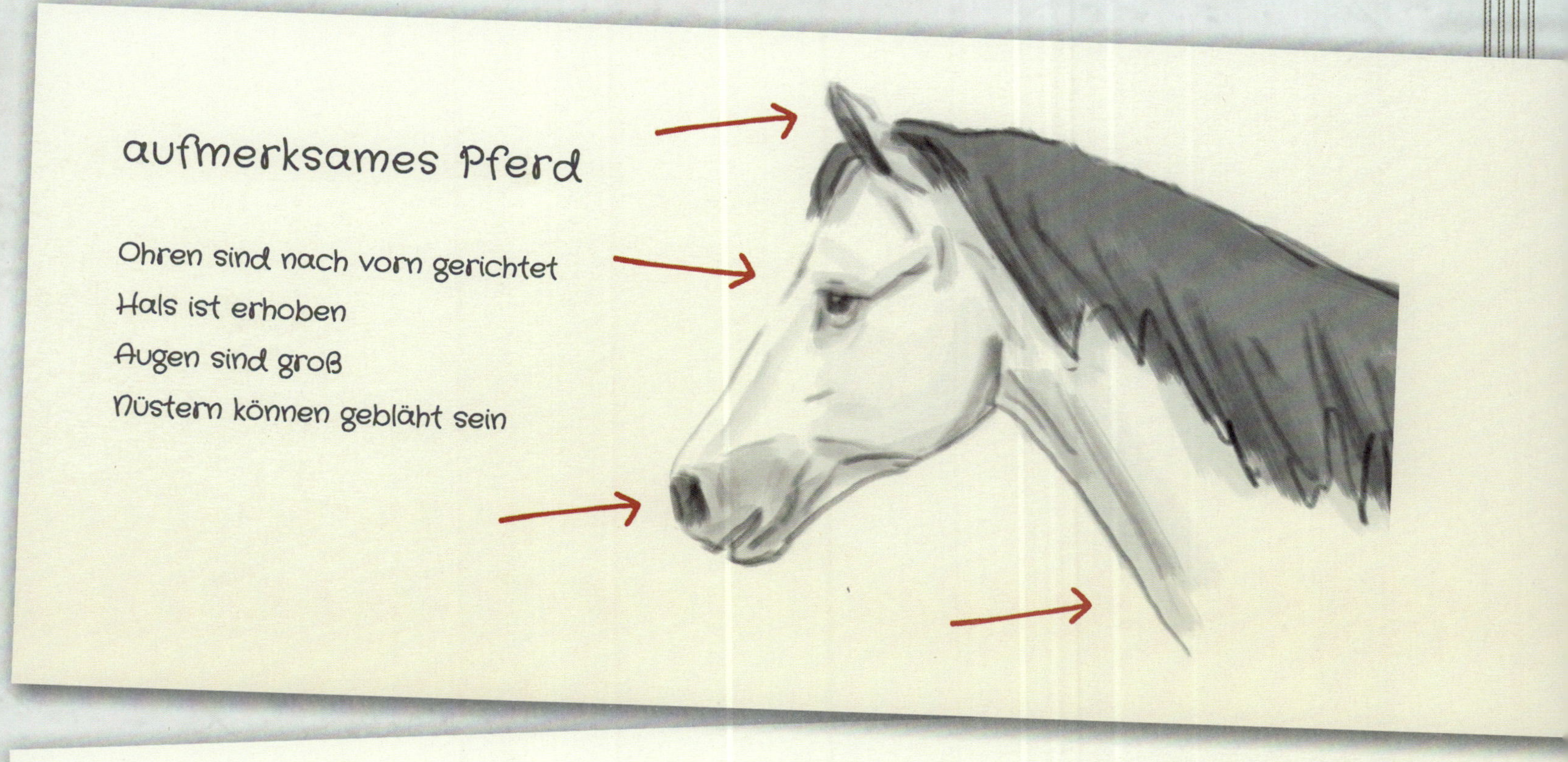

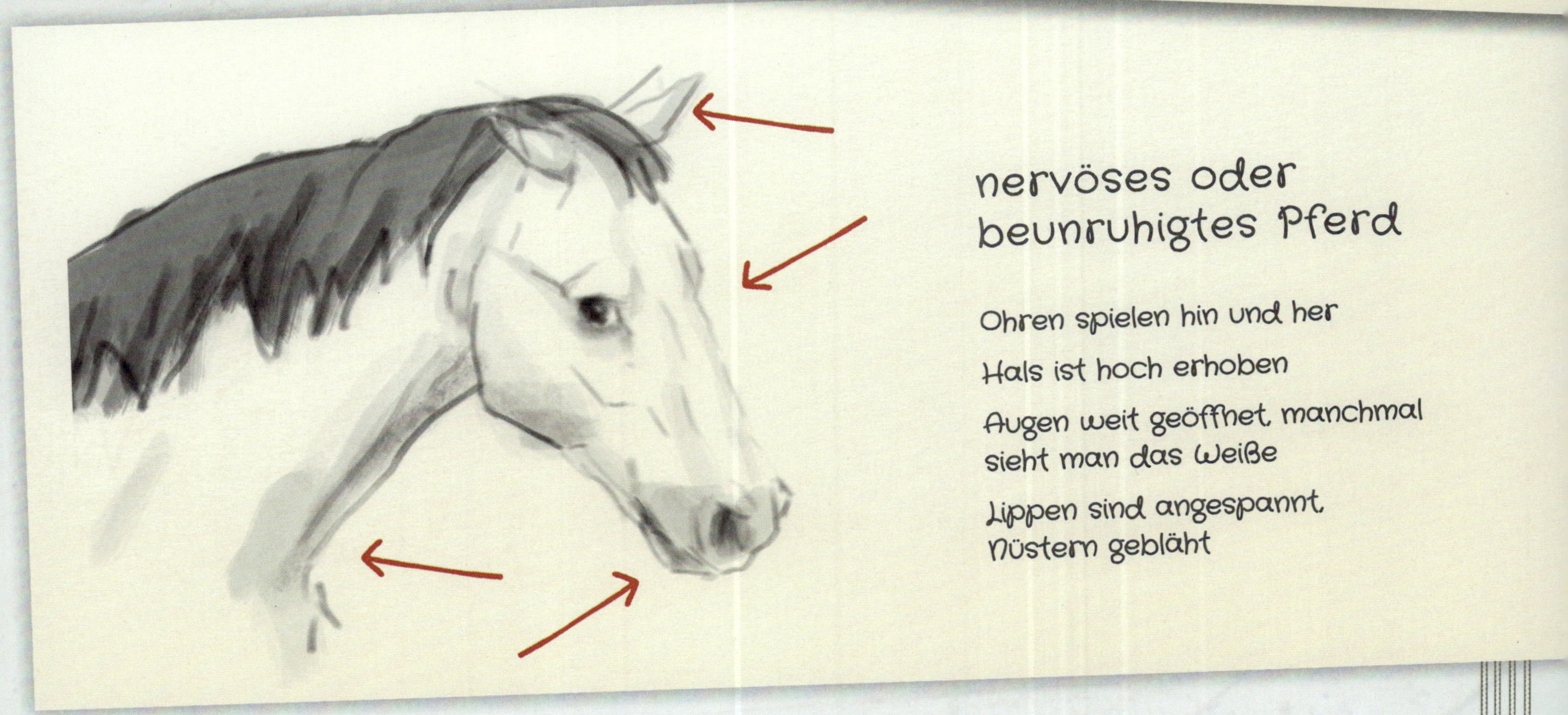

SPARKY WILL NICHT

Mona gesellt sich zu ihnen. „Hallo. Ich muss jetzt Sparky von der Koppel holen und das wird nicht leicht“, seufzt sie. Mit schnellen Schritten geht sie direkt auf ihr Pony zu. Sparky hebt den Kopf und legt die Ohren an, seine Nüstern sind hochgezogen. „Oh, das mag er wohl nicht“, raunt Klara Paul zu. „Nie direkt auf ein Pferd zugehen und es dabei anschauen, das macht ihm Angst. Wenn wir mit unseren eng stehenden Augen Pferde anblicken, erinnert sie das an Raubtiere“, kommentiert Paul.

Sparkys Ohren sind jetzt flach auf seinen Nacken gepresst, das Weiße in seinen Augen wird sichtbar und er schlägt unwillig seinen Kopf in Monas Richtung. Mona läuft unbeirrt weiter und steht schon fast vor Sparky, als er in die Luft beißt. Seine Zähne knallen aufeinander. Erschreckt bleibt sie stehen. Sparky dreht sich um und hebt drohend ein Bein, sein Schweif schlägt hin und her. „So wird das nichts, Mona“, ruft Paul ihr alarmiert zu. Leise vor sich hin schimpfend kommt Mona zu ihnen. „Ich habe keine Ahnung, was er immer hat“, sagt sie verzweifelt.

„Wenn du Sparky von der Koppel holst, muss du leicht seitlich auf ihn zugehen. Er hat dir deutlich gezeigt, dass etwas nicht in Ordnung ist. Auf solche Zeichen musst du achten. Sparky hat nach dir geschnappt, wollte dich aber nicht beißen, sondern dir zu verstehen geben, dass du dich ihm nicht weiter nähern sollst. Und wenn ein Pferd dir seinen Hintern präsentiert und ein Hinterbein hebt, dann sagt es ‚geh weg‘. Vielleicht hat er mal schlechte Erfahrungen gemacht.“

DAS PFERD DROHT

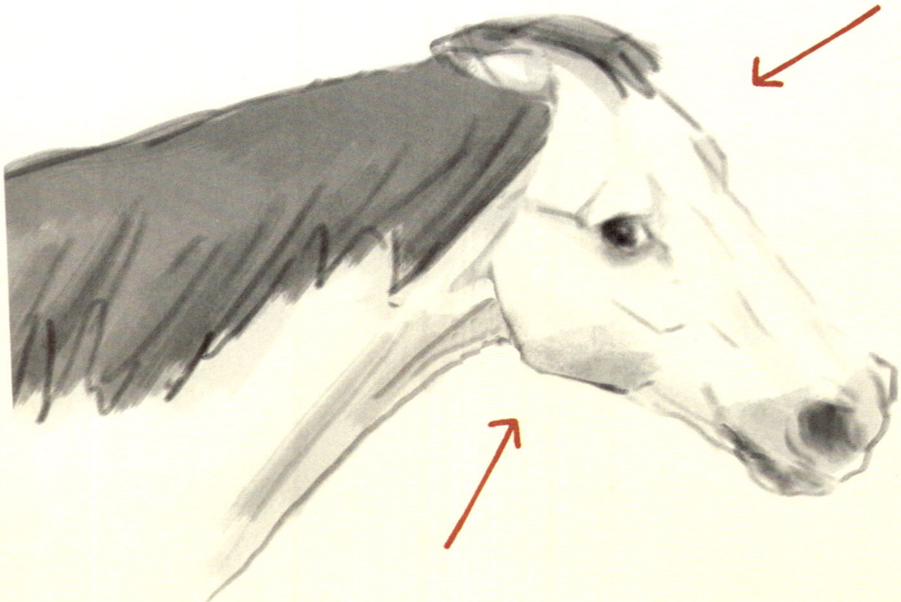

drohendes Pferd

Ohren sind zurückgelegt

Kopf ist erhoben

Nüstern sehen gerunzelt aus

DAS PFERD HAT ANGST

Mit Klaras Hilfe schafft es Mona, Sparky von der Koppel zu holen. „Und jetzt gebt ihm eine Möhre und lobt ihn“, schlägt Paul vor. „Pferde können richtig toll lernen. Sparky muss sich merken, dass von der Koppel holen belohnt wird. Dann wird er nichts mehr dagegen haben.“

Mit Lob lernt es sich leichter!

Wenn ein Pferd ein gewünschtes Verhalten zeigt, sollte man es belohnen. Das kann mit der Stimme und dem Kraulen an einer dem Pferd angenehmen Stelle passieren oder auch durch Futter. Das Pferd merkt sich dann: Aha, wenn ich mich so verhalte, werde ich belohnt.

Mona lobt Sparky überschwänglich. „Könntet ihr beide vielleicht mitkommen und mir beim Putzen helfen? Da benimmt sich mein Pony auch immer so merkwürdig“, bittet Mona die Freunde.

Alarmstufe rot!!!!

Hals und Kopf stehen waagerecht
Die Ohren sind ganz flach angelegt
Maul ist offen mit gebleckten Zähnen – nichts wie weg hier!

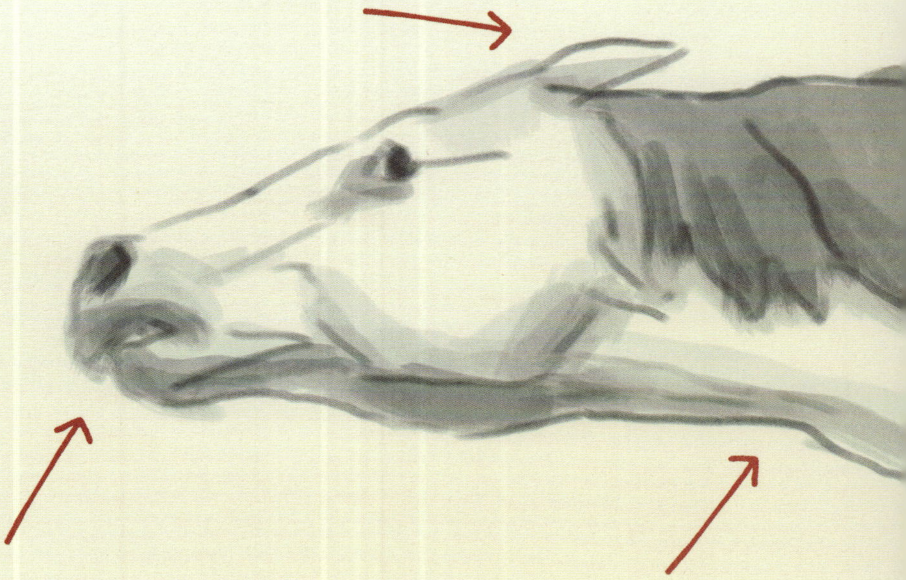

SPARKY IST KITZLIG!

Klara und Paul schauen zu, wie Mona Sparky putzt. Klara hat immer noch ihren Block in der Hand und zeichnet das Pony. „Achte auf seinen Kopf“, rät Paul. Sparky hat die Ohren leicht nach hinten geklappt, seine Nüstern sind hochgezogen und er schlägt immer wieder mit dem Kopf. „Glücklich sieht er nicht aus“, bemerkt Klara. „Gut erkannt“, lobt Paul, „für mich sieht das so aus, als erwarte er etwas Unangenehmes.“ Mona putzt mit einer Kardätsche erst den Hals und den Rücken ihres Ponys. Als sie beim Bauch angelangt ist, verändert sich Sparkys Verhalten ganz plötzlich. Er schlägt mit dem Hinterbein nach oben und wendet schnell den Kopf und schnappt in Monas Richtung. Sein Schweif peitscht hin und her.
„Seht ihr!“, ruft Mona vorwurfsvoll, „das macht er immer mit mir.“ Verbissen putzt sie weiter. „Hör besser auf damit“, empfiehlt Paul. „Ich denke, das liegt an der Stelle, an der du gerade putzt. Manche Pferde sind sehr empfindlich am Bauch.

Kardätsche

Die Kardätsche ist eine weiche Bürste. Man benutzt sie zum Glätten und Reinigen des Fells. Für stärkere Verschmutzungen oder das Herausbürsten des Winterfells ist sie nicht geeignet.

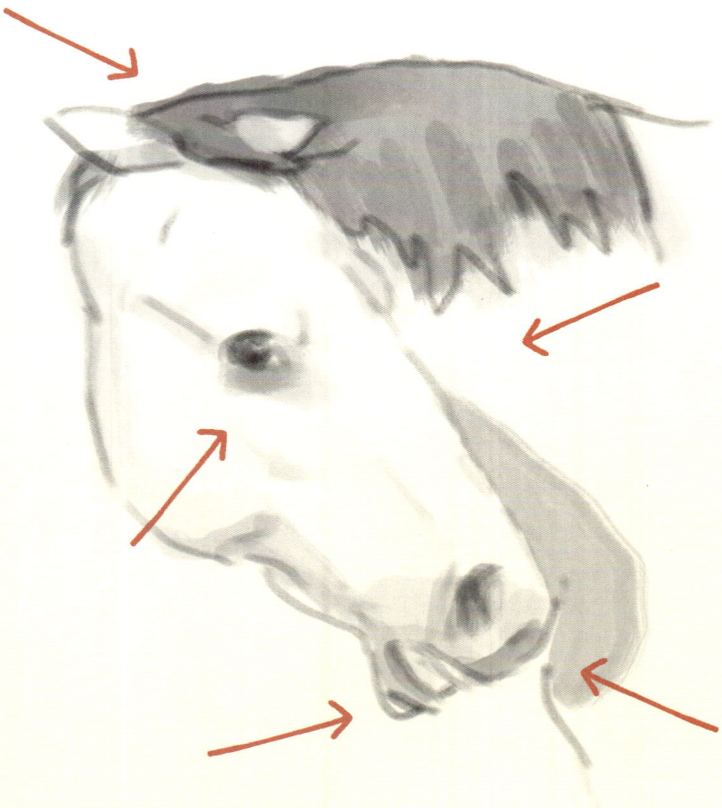

Pferd hat Schmerzen oder erwartet etwas Unangenehmes

Kopf dreht sich zur Quelle des Übels

Ohren sind angelegt

Augen sind aufgerissen, das Weiße ist zu sehen

Maul steht offen und die Nüstern sehen gerunzelt aus

Versuch mal Folgendes, kraule Sparky für eine Weile mit deinen Händen am Halsansatz.“
Mona folgt Pauls Rat und redet leise mit ihrem Pony. Nach einer Weile verändert sich Sparkys Verhalten. Klara muss grinsen. „Jetzt sieht er total entspannt aus und Mona ebenfalls.“ „Ganz genau“, pflichtet Paul ihr bei, „Kraulen ist für Pferde angenehm.“ Nun wendet er sich an Mona: „Und jetzt nimmst du deine weichste Bürste, fängst beim Hals an und putzt dann ganz vorsichtig den Bauch.“ Und tatsächlich, Sparky legt zwar leicht die Ohren an, aber mehr passiert nicht. Mona ist begeistert und fällt dem Pony um den Hals. „Du musst einfach mehr darauf achten, was dir Sparky mitteilt, Mona. Reden kann er ja nicht. Die harte Bürste war für ihn unangenehm, vielleicht ist er einfach kitzlig am Bauch.“

KRAULEN TUT GUT – GEMEINSAM ENTSPANNEN

Pferde sind gerne entspannt, das ist eigentlich ihr liebster Zustand. Beispielsweise mit einem Pferdekumpel auf einer großen Weide stehen und sich gegenseitig mit dem Maul kraulen. Oder einfach neben ihm stehen und gemeinsam dösen. Der Mensch kann seinem Pferd auch zu solchen Entspannungsmomenten verhelfen, indem er es regelmäßig an Stellen krault, die sein Pferd als angenehm empfindet. Das fördert die Beziehung zwischen Mensch und Pferd und sorgt außerdem dafür, dass Pferde ausgeglichener sind.

Gefällt dem Pferd das Kraulen, kann man das leicht an der Körperhaltung erkennen. Der Hals wird lang gestreckt oder gewölbt, die Oberlippe geht nach vorne und die Ohren zeigen seitwärts.

GEMEINSAM ENTSPANNEN

DER ERSTE AUSRITT

Heute hat sich Paul etwas Besonderes ausgedacht. „Ich möchte dir zeigen, wie Pferde ihre Umwelt wahrnehmen und dafür reiten wir am besten aus. Ich habe schon June um Erlaubnis gebeten, du darfst mit Spirit raus.“ Sofort schlägt Klaras Herz schneller. „Oh, ich bin noch nie ausgeritten.“

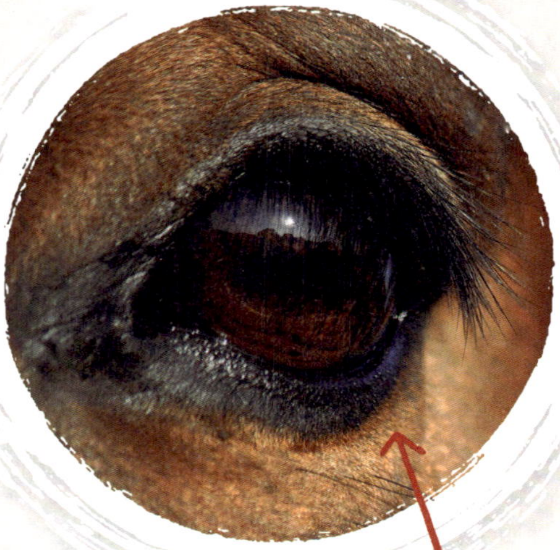

PFERDEAUGE

Eine halbe Stunde später verlassen sie den Hof. Pauls Pferd Prinz geht entspannt im Schritt. Spirit hingegen zappelt richtig beim Laufen, immer wieder muss Klara die Zügel etwas kürzer nehmen, um ihn zu bremsen. Je weiter sie sich vom Hof entfernen, um so aufgeregter wird er. Nun bleibt er stehen und stößt ein lautes Wiehern aus. Klara ist ein wenig mulmig zumute. „Was hat Spirit denn, Paul? Sonst ist er immer so ruhig.“

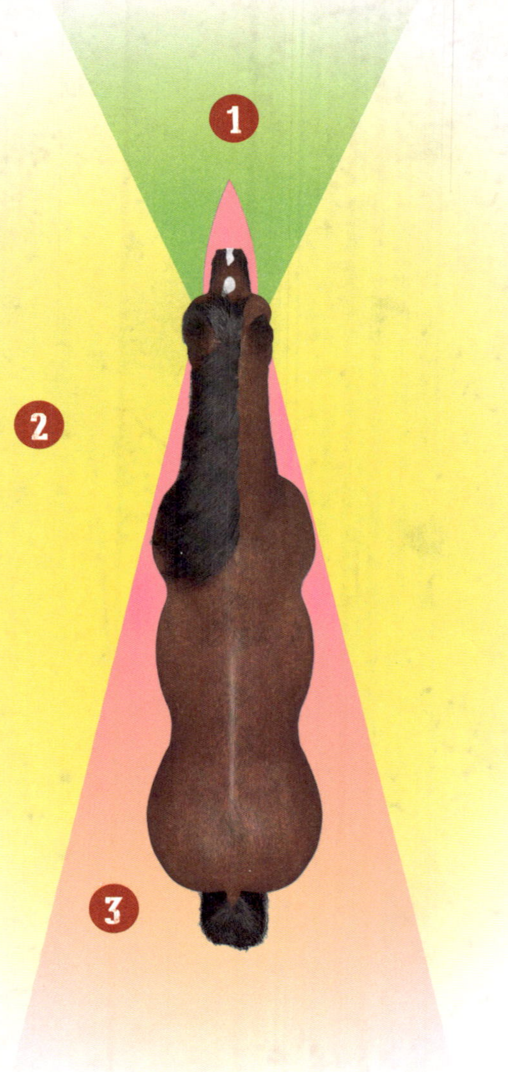

❶ Pferde können nur in einem kleinen Bereich mit beiden Augen räumlich sehen und Dinge fokussieren, also scharf sehen.
❷ Ansonsten sehen das rechte und das linke Auge unabhängig voneinander zwar weit, aber nicht scharf.
❸ Vorne und hinten ist ein Bereich, in dem Pferde nichts sehen können.

Farbensehen bei Pferden

Pferde können zwar das gleiche Farbspektrum wie wir wahrnehmen, sehen aber die Farben in anderen Farbtönen. Bei Pferden ist die Welt nur blau, gelblichgrün und grau. Sie haben Schwierigkeiten, Gelb und Grün zu unterscheiden. Blau hingegen können sie wahrscheinlich gut erkennen, sogar bei Mondlicht. Wenn du für ein Pferd etwas deutlich sichtbar machen möchtest, wäre also Blau die geeignete Farbe! Oft haben Pferde Angst vor blauen Planen.

„Das ist leicht zu erklären, im Gegensatz zu Prinz ist er normalerweise immer auf dem Hof. Seine Herde, mit der er sonst auf der Koppel steht, ist zurückgeblieben. Eben hat er nach ihnen gerufen. Aber Spirit macht keine Anstalten umzudrehen, also findet er es gar nicht so schlimm. Du brauchst dir keine Gedanken zu machen. Er ist einfach ein bisschen aufgeregt, weil er im weiten Gelände ist. Schau, sein Kopf dreht sich ständig von links nach rechts, er sucht die Umgebung nach möglichen Bedrohungen ab. Schließlich ist er ein Fluchttier. Die Augen von Pferden stehen seitlich, sie haben also eine viel bessere Rundumsicht als wir. Vorne und hinten sind aber blinde Bereiche."

Geruchssinn der Pferde

Pferde können besser riechen als Menschen. Sie nutzen den Geruchssinn, um beispielsweise Menschen, andere Pferde oder Futtermittel zu identifizieren. Viele Medikamente im Futter können sie riechen und verweigern dann das Futter.

Ein paar welke Blätter flattern über den Boden – Spirit bleibt abrupt stehen. Paul fährt fort: „Ach, und sie nehmen Bewegungen besonders gut wahr, die ja grundsätzlich eine Gefahr sein könnten. Heute ist es windig und alles bewegt sich." „Seine Ohren dreht er auch immer hin und her", bemerkt Klara, „vielleicht, weil heute alles raschelt." „Durch das Drehen der Ohren können Pfere viel besser bestimmen, aus welcher Richtung ein Geräusch kommt. Sie können übrigens auch Dinge hören, die wir nicht wahrnehmen", erklärt ihr Paul.

WAS PFERDE MIT LAUTEN SAGEN

Einige Laute, die man im Umgang mit Pferden häufiger hört.

- Leises, blubberndes Wiehern: Schön, dass du kommst und/oder ich freue mich aufs Fressen. So rufen Stuten auch ihre Fohlen.
- Sehr lautes Wiehern mit hoch erhobenem Kopf: Hilfe, ich bin alleine, wo seid ihr?
- Quieken: Begrüßung unter Pferden oder auch eine Warnung: Lass mich in Ruhe!
- Prusten, sehr lautes Schnauben: Ich bin sehr aufgeregt, möglicherweise bin ich oder die Herde in Gefahr!
- Leises Schnauben: Mir geht es gut und ich bin entspannt.

KEINEN SCHRITT WEITER!

Es dauert gar nicht lange und Spirits Aufregung hat sich gelegt. Er trabt munter hinter Prinz her und schnaubt zufrieden.
„Siehst du“, bemerkt Paul, „jetzt hat er sich schon an die neue Situation gewöhnt. Du bist ruhiger geworden und er auch. Unsere Stimmung überträgt sich auf die Pferde. Wenn man in schlechter Stimmung ist, bemerkt ein Pferd das.“ Klara ist überglücklich, Ausreiten macht so einen Spaß! Sie galoppieren sogar über eine Wiese und Klara hat das Gefühl, nur so dahinzufliegen. Auf dem Rückweg kommen sie an einer kleinen Baustelle vorbei und plötzlich bleibt Spirit abrupt stehen. Sein Kopf schießt in die Höhe, seine Augen weiten sich und er schnaubt laut. Klara ist ganz perplex, eben war er doch noch so ruhig! Paul hält Prinz an und dreht sich um.

WORAN ERKENNE ICH, DASS MEIN PFERD MICH MAG?

- Es kann in deiner Gegenwart entspannen. Das erkennt man zum Beispiel daran, dass ein Hinterbein entlastet wird, die Ohren zur Seite geklappt sind oder der Kopf tief hängt.
- Es pustet dich manchmal sanft an.
- Es wiehert leise blubbernd, wenn du kommst.
- Beim Putzen und Führen ist ein Ohr zu dir geklappt.
- Es steht gerne neben dir und folgt dir.

Inzwischen hat sich Spirit ganz weit nach hinten gelehnt und sieht aus wie eine Giraffe. Klara versucht ihn vorwärts zu treiben, aber stattdessen läuft ihr Pferd rückwärts.

„Er hat Angst, Klara", ruft Paul ihr zu. „Wahrscheinlich vor dem rotweißen Flatterband, das knattert heute ja richtig bei dem Wind. Reite eine Volte und versuch's noch einmal."
Klara befolgt Pauls Anweisung zweimal hintereinander, aber immer bleibt Spirit stehen und weigert sich, an der Baustelle vorbeizugehen. „Er will einfach nicht", sagt Klara ein bisschen verzweifelt.
„Das macht nichts", beruhigt Paul sie, „wir reiten einfach einen anderen Weg zurück. Dieses Flatterband sieht einfach zu gefährlich für ihn aus. Und für morgen steht unser Programm schon fest – wir werden Spirit die Angst vor dem Flatterband nehmen, das nennt man Desensibilisieren."
Kurze Zeit später erreichen sie den Hof. Klara springt ab und lobt Spirit, der seine Nüstern an ihre Wange legt und sie sanft anpustet. Paul lächelt Klara an.
„Spirit mag dich."

Volte

Eine Volte ist eine sogenannte Bahnfigur beim Dressurreiten. Dabei wird ein kleiner Kreis geritten. Das Pferd muss sich dabei ziemlich biegen, denn die Volte hat nur einen kleinen Durchmesser von nicht mehr als 10 Metern.

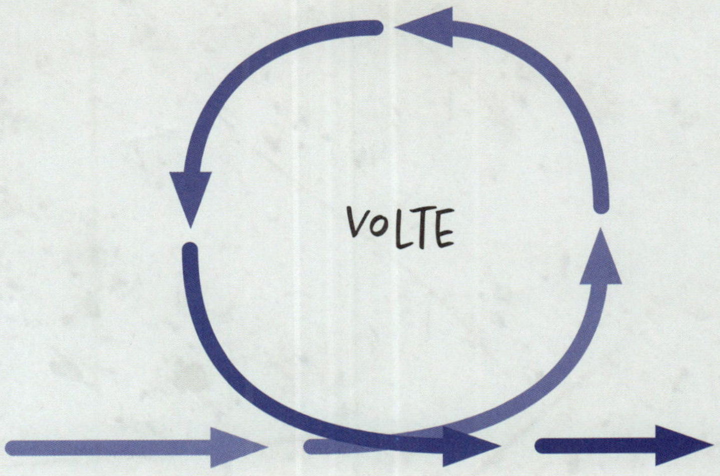

MUTIGER SPIRIT!

Paul hat ein größeres Stück Flatterband besorgt und auf dem Reitplatz an einen Pfosten gebunden. Klara holt Spirit von der Koppel und läuft mit ihm zum Platz. Wie Paul es ihr gezeigt hat, lässt sie den Strick durchhängen und geht auf Höhe seiner Schulter. So hat sie seinen Kopf im Blick und kann sehen, wie es ihm geht. Ruhig spaziert Spirit neben ihr her. Da kommt ein Windstoß und das Band wirbelt in der Luft herum. Vor lauter Schreck macht Spirit einen kleinen Satz zur Seite. Paul kommt zu ihnen und gibt Klara ein Stück von dem gestreiften Plastik. „Zeig ihm das und lass ihn daran schnuppern“, rät er. Erst hat Spirit sichtlich Angst. Klara aber bleibt ganz ruhig, redet leise mit ihm und lässt das Band langsam durch ihre Hände gleiten. Nach einer Weile streckt Spirit seinen Hals vor und schnuppert an dem Band, danach versucht er, es anzuknabbern. Klara muss grinsen. „Okay, jetzt kannst du ihn loben und dann läufst du vor bis zum hängenden Band“, sagt Paul, „und nicht umdrehen und nach ihm schauen.“

Desensibilisieren

Dabei konfrontiert man das Pferd mit Dingen, vor denen es Angst hat, beispielsweise eine Plastikplane oder ein Regenschirm. Das darf nur in Ruhe und sehr vorsichtig passieren. Meist schlägt irgendwann die Angst in Neugier um und das Pferd akzeptiert die Gegenstände. Es sollte immer eine Person dabei sein, die sich mit Pferdetraining auskennt.

Unbekannte Gegenstände und Geräusche können Pferde leicht erschrecken.

WENN DU DICH DAS ERSTE MAL EINEM PFERD NÄHERST

- Gehe leicht seitlich auf ein Pferd zu, nie frontal und auf keinen Fall von hinten!
- Schau dem Pferd nicht in die Augen, das machen nämlich Raubtiere, bevor sie angreifen.
- Lass das Pferd in Ruhe an deiner Hand schnuppern.
- Achte auf die Körpersignale des Pferdes: Hat es die Ohren vorne? Das ist ein gutes Zeichen.
- Nähere dich keinem Pferd, das deutlich zeigt ‚geh weg‘, beispielsweise mit angelegten Ohren.
- Für den ersten Kontakt kraulst du am besten vorsichtig am Hals. Nicht alle Pferde mögen es, am Kopf angefasst zu werden

Am leichtesten fällt es Fohlen, sich an Unbekanntes zu gewöhnen.

Klara befolgt Pauls Anweisungen. Es braucht ein paar Anläufe, bis Spirit ihr folgt. Dann kann Klara das Band greifen und ihrem Pferd zeigen. Erst zaudert er, aber dann schnuppert er daran. „Jetzt ist eine Möhre fällig", schlägt Paul lachend vor. Zufrieden kaut Spirit darauf herum. „Mal schauen, ob ich jetzt mit ihm am Flatterband vorbeilaufen kann", ruft Klara ihrem Freund zu. Sie setzt sich in Bewegung und tatsächlich, diesmal folgt Spirit ihr ohne Angst am Band vorbei. Wieder lobt Klara ihn, dreht um und versucht es noch einmal von der anderen Seite. Applaus erschallt. June hat sich unbemerkt zu ihnen gesellt. „Bravo alle zusammen!", ruft sie begeistert. „Das habt ihr wirklich toll gemacht. Und Paul, das musst du unbedingt im Kurs zeigen, wie man Pferden die Angst vor Gegenständen nimmt."

ES IST SOWEIT!

Die Tage vor dem Kursbeginn verbringen Paul und Klara mit den letzten Vorbereitungen. Aus Klaras Zeichnungen fertigen sie Beobachtungsbögen an. Paul macht eine Präsentation über die Inhalte des Kurses. Klara hilft ihm, Bilder und Fotos herauszusuchen. Mit June besprechen sie, welche Pferde und Ponys sie den Teilnehmenden geben.

Zwölf Mädchen und Jungen sitzen gespannt im Reiterstübchen. June begrüßt die Teilnehmenden zum Kurs „Die Sprache der Pferde". Anschließend stellt sie Paul vor, der mit ihr den Kurs durchführen wird. Klara merkt, dass Paul ziemlich aufgeregt ist.
„Hallo zusammen", beginnt Paul, „einige von euch kennen mich ja schon. Und für die anderen: ich bin Paul und reite seit vielen Jahren. Ich freue mich schon darauf, euch ganz viel von dem zu zeigen, was ich über die Sprache der Pferde weiß. Pferde haben nämlich eine feine Sprache, die man kennen sollte, wenn man sie überhaupt verstehen und sich mit ihnen unterhalten möchte. Bei der Vorbereitung des Kurses hat mir meine Freundin Klara geholfen, die mich auch bei der Durchführung unterstützen wird." Paul zeigt auf Klara.

Lust auf Pferde bekommen?

Wenn du überlegst, mit dem Reiten anzufangen, könntest du zum Einstieg Reiterferien machen. Einige Reiterhöfe bieten das in den Schulferien an. Danach kannst du immer noch entscheiden, ob du regelmäßig Reitunterricht nehmen möchtest.

Vor Überraschung und Freude bekommt Klara einen ganz roten Kopf. Vor nicht einmal einem Jahr hatte sie sich in die Pferde der Camargue verliebt. Jetzt konnte sie schon reiten und war sogar zur Assistentin in Sachen Pferdesprache ernannt worden – Wahnsinn!
Paul fährt fort: „Und bevor wir noch lange reden, gehen wir als Erstes raus zur Koppel und schauen, was uns die Pferde zu sagen haben. Klara und ich haben einen Beobachtungsbogen für euch vorbereitet – los geht's!"

Was bedeutet die Körpersprache der abgebildeten Pferde?

1

2

3

WAS MAN BRAUCHT

Für Reiterinnen, Reiter und Pferde gibt es, wie bei anderen Sportarten auch, spezielle Kleidung und Ausrüstung. Nicht alles ist von Anfang an erforderlich.

1. Der Reithelm ist ein Sturzhelm. Er verhindert Kopfverletzungen beim Sturz und sollte immer getragen werden.
2. Eine Reitjacke ist oft nur bei Turnieren vorgeschrieben.
3. Handschuhe schützen die Hände.
4. Die Reithose sollte eng anliegend sein.
5. Reitstiefel mit langem Schaft und kleinem Absatz schützen die Unterschenkel und verhindern das Durchrutschen im Steigbügel.
6. Die Reitgerte ist die verlängerte Hand des Reiters. Das Pferd darf aber nie mit ihr geschlagen werden!

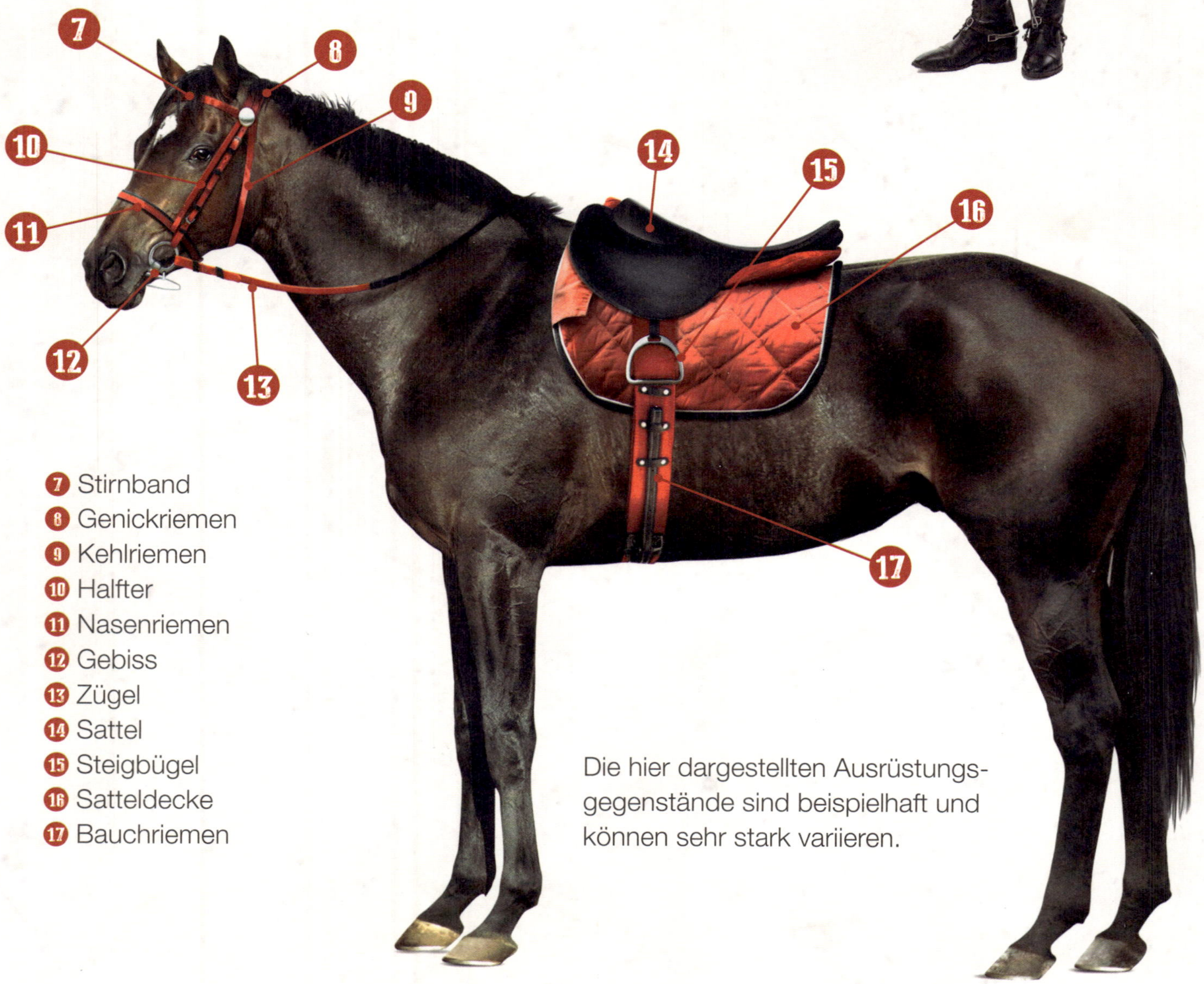

7. Stirnband
8. Genickriemen
9. Kehlriemen
10. Halfter
11. Nasenriemen
12. Gebiss
13. Zügel
14. Sattel
15. Steigbügel
16. Satteldecke
17. Bauchriemen

Die hier dargestellten Ausrüstungsgegenstände sind beispielhaft und können sehr stark variieren.